Die Kun[illegible]es Fahrens: Von den Grundlagen bis zur Hochleistungstechnik

bis

Etienne Psaila

Die Kunst des Fahrens: Von den Grundlagen bis zur Hochleistungstechnik

Erstausgabe: **April 2024**

Dieses Buch ist Teil der Reihe "Automotive and Motorcycle Books" und jeder Band der Reihe wurde mit Respekt für die besprochenen Automobil- und Motorradmarken erstellt, wobei Markennamen und verwandte Materialien nach den Prinzipien der fairen Verwendung für Bildungszwecke verwendet werden. Ziel ist es, zu feiern und zu informieren und den Lesern eine tiefere Wertschätzung für die technischen Wunderwerke und die historische Bedeutung dieser ikonischen Marken zu vermitteln.

Coverdesign von Etienne Psaila
Innenaufteilung von Etienne Psaila

Webseite: **www.etiennepsaila.com**
Kontakt: **etipsaila@gmail.com**

Inhaltsverzeichnis

- schlechten Sichtverhältnissen
- Fahren im Gelände und in unwegsamem Gelände

6. **Präzisions- und Streckenfahren**
   - Grundlagen des Streckenfahrens und der Sicherheit
   - Fortgeschrittene Streckentechniken: Scheitelpunkt, Trailbremsen
   - Vorbereitung auf einen Trackday: mentale und Fahrzeugvorbereitung

7. **Fahrzeugwartung und -einrichtung für optimales Fahren**
   - Grundlegende Wartung für Leistung und Sicherheit
   - Richten Sie Ihr Fahrzeug auf Leistung und defensives Fahren ein
   - Reifen-, Bremsen- und Aufhängungseinstellungen verstehen

8. **Psychologie und physiologische Aspekte des Fahrens**
   - Stressbewältigung während der Fahrt
   - Die Auswirkungen von Müdigkeit und Strategien zu ihrer Bekämpfung
   - Fokus- und Konzentrationstechniken

9. **Technik und Fahren**
   - Fahrassistenztechnologien nutzen
   - Die Rolle der Simulation im Fahrtraining
   - Zukunftstrends in der Antriebstechnik

10. **Rechtliche Aspekte und Fahretikette**

- Fahrgesetze und -vorschriften verstehen
- Ethische Überlegungen beim Autofahren
- Die globale Perspektive auf die Fahretikette

11. **Fortgeschrittene Notfallmanöver**
    - Durchführung von Notbremsungen und Ausweichlenkung
    - Umgang mit Bremsausfällen, Reifenplatzern und unerwarteten Hindernissen
    - Techniken zur Flucht aus gefährlichen Situationen

12. **Schulung und kontinuierliche Verbesserung**
    - Strukturierung von Übungssitzungen
    - Fahrkünste einschätzen und verbessern
    - Ressourcen für die Weiterbildung (Schulen, Kurse, Online-Ressourcen)

13. **Schlussfolgerung**
    - Zusammenfassung der wichtigsten Punkte
    - Förderung eines sicheren und verantwortungsvollen Fahrens
    - Abschließende Gedanken und Förderung des kontinuierlichen Lernens

Kapitel 1: Einführung in das fortgeschrittene Fahren

Die Bedeutung fortgeschrittener Fahrkünste

Beim fortgeschrittenen Fahren geht es nicht nur darum, ein Fahrzeug bei hohen Geschwindigkeiten zu steuern oder komplexe Manöver zu beherrschen. Es geht darum, umfassende Fähigkeiten zu entwickeln, die die Sicherheit, das Vertrauen und den Fahrspaß erhöhen. In einer Welt, in der die Straßen zunehmend verstopft sind und sich die Fahrumgebungen ständig ändern, können fortgeschrittene Fahrfähigkeiten einen erheblichen Unterschied bei der Vermeidung von Unfällen und der effektiven Bewältigung unerwarteter Situationen ausmachen.

Dieses Buch wurde entwickelt, um Fahrer aller Niveaus mit dem Wissen und den Techniken auszustatten, um sicherer und effizienter zu fahren. Egal, ob Sie ein neuer Fahrer sind, der eine solide

Grundlage schaffen möchte, ein erfahrener Autofahrer, der seine Fähigkeiten verfeinern möchte, oder ein Enthusiast, der sich für Performance-Fahren interessiert, dieser Leitfaden bietet wertvolle Einblicke und praktische Ratschläge, die Ihnen helfen, mit mehr Fachwissen auf den Straßen zu navigieren.

Überblick über den Aufbau und die Ziele des Buches

Die folgenden Kapitel dieses Buches sind so strukturiert, dass sie Ihre Fahrkenntnisse und -fähigkeiten schrittweise ausbauen. Wir beginnen mit den Grundlagen der Fahrdynamik und -regelung, die entscheidend sind, um zu verstehen, wie sich ein Auto unter verschiedenen Bedingungen verhält. Von dort aus werden wir uns mit spezielleren Themen wie Performance-Fahrtechniken, defensiven Fahrstrategien und Fahren unter verschiedenen

Umgebungsbedingungen befassen.

Jedes Kapitel enthält theoretische Konzepte, praktische Ratschläge und praktische Anwendungen, um sicherzustellen, dass Sie die Techniken nicht nur verstehen, sondern auch anwenden. Darüber hinaus enthält das Buch psychologische und physiologische Aspekte des Fahrens, die oft übersehen werden, aber für effektives Fahren unerlässlich sind.

Unsere Ziele sind klar:

Erhöhen Sie die Sicherheit: Statten Sie sich mit den Fähigkeiten aus, um Unfälle zu vermeiden und Notfälle zu bewältigen.
Steigern Sie Ihr Selbstvertrauen: Bauen Sie Ihr Selbstvertrauen durch Wissen und praktische Ratschläge auf, damit Sie sich hinter dem Lenkrad wohler fühlen und die Kontrolle behalten.

Fördern Sie den Fahrspaß: Helfen Sie Ihnen, das Fahren zu genießen, indem Sie Fähigkeiten beherrschen, die das Fahren zu einem ansprechenderen und dynamischeren Erlebnis machen.

Am Ende dieses Buches sollten Sie ein umfassendes Verständnis des fortgeschrittenen Fahrens haben, das nicht nur Ihre technischen Fähigkeiten verbessert, sondern auch Ihr gesamtes Fahrerlebnis bereichert. Beginnen wir diese Reise, indem wir die grundlegenden Aspekte des Fahrens untersuchen und wie Sie anfangen können, wie ein fortgeschrittener Fahrer zu denken.

Kapitel 2: Die Grundlagen des Fahrens

Fahrzeugdynamik verstehen

Bevor Sie sich mit fortgeschrittenen Techniken befassen, ist es wichtig, die Grundprinzipien zu verstehen, die bestimmen, wie sich ein Fahrzeug unter verschiedenen Bedingungen bewegt und reagiert. Die Fahrzeugdynamik umfasst die Untersuchung der Bewegung und der Kräfte, die ein Auto beeinflussen, wie Schwerkraft, Reibung und Impuls. Das Verständnis dieser Konzepte ist die Grundlage für sicheres und leistungsstarkes Fahren.

Gewichtsübertragung:

Das Verständnis der Dynamik eines Fahrzeugs beim Beschleunigen, Bremsen und Kurvenfahren ist entscheidend für die Beherrschung der Fahrkünste. Wenn ein Auto beschleunigt, verlagert sich sein Gewicht nach hinten, was die Traktion der Hinterreifen verbessert, aber möglicherweise die Haftung der Vorderreifen verringert. Aus diesem Grund beschleunigen Autos mit Hinterradantrieb oft besser als Autos mit Frontantrieb. Umgekehrt verlagert sich das Gewicht beim Bremsen nach vorne, wodurch die Traktion des Vorderreifens erhöht wird, was für ein effektives Anhalten unerlässlich ist, aber dazu führen kann, dass das Heck des Fahrzeugs leichter und möglicherweise weniger stabil wird. Durch das Wenden werden seitliche Kräfte eingeführt, wodurch das Gewicht auf die äußeren Reifen übertragen wird. Diese Verschiebung wirkt sich auf die Stabilität des Fahrzeugs und den Grip der Innenreifen aus, was zu Unter- oder Übersteuern führen kann, wenn es nicht richtig gehandhabt wird.

Bei der Traktion geht es im Wesentlichen um das Verhältnis zwischen den Reifen des Fahrzeugs und der Straßenoberfläche. Die Traktion bestimmt, wie viel Grip die Reifen erzeugen können, was sich auf jeden Aspekt des Fahrens auswirkt – vom Beschleunigen über das Bremsen bis hin zu Kurvenfahrten. Die Art der Reifen, ihr Zustand (Profiltiefe und Verschleiß) und die Fahrbahn selbst (nass, trocken, vereist) sind entscheidende Faktoren, die die Traktion beeinflussen. Eine gute Traktion ermöglicht eine effektive Beschleunigung und sicheres Kurvenfahren und Bremsen. Schlechte Traktion kann zu Kontrollverlust und verlängerten Bremswegen führen. Zu verstehen, wie man die Reifenhaftung durch ordnungsgemäße Wartung und geeignete Fahrtechniken für unterschiedliche Straßenbedingungen maximiert, ist für sicheres und effektives Fahren von entscheidender Bedeutung.

Bremsen:

Das Verständnis der Mechanik von Fahrzeugbremssystemen ist unerlässlich, um effektive und sichere Stopps zu gewährleisten. Zu den Hauptkomponenten der meisten Bremssysteme gehören das Bremspedal, der Hauptbremszylinder, die Bremssättel, die Bremsbeläge und die Rotoren. Wenn ein Fahrer das Bremspedal betätigt, wird Hydraulikflüssigkeit vom Hauptbremszylinder durch Bremsleitungen zu den Bremssätteln gedrückt, die dann die Bremsbeläge gegen die an den Rädern befestigten Rotoren drücken. Diese Reibung bremst das Fahrzeug ab und bringt es schließlich zum Stillstand.

Die Wirksamkeit des Bremsens wird von verschiedenen Faktoren beeinflusst, wie z. B. dem Zustand der Bremskomponenten, der Art der Bremsbeläge, dem Vorhandensein von Bremsassistenztechnologien und den Straßenverhältnissen. So können verschlissene Bremsbeläge oder Bremsscheiben die Bremswirkung erheblich verringern und den Bremsweg verlängern.

Antiblockiersysteme (ABS) spielen eine entscheidende Rolle bei der Aufrechterhaltung der Fahrzeugkontrolle bei plötzlichen Stopps. Das ABS verhindert das Blockieren und Schleudern der Räder, sodass der Fahrer beim Bremsen die Kontrolle über die Lenkung behält. Dieses System verwendet Geschwindigkeitssensoren an jedem Rad, um die Raddrehzahl kontinuierlich zu überwachen. Erkennt das System, dass ein Rad kurz vor dem Blockieren steht, moduliert es automatisch den Bremsdruck, um das Rad durchdrehen zu lassen, und hilft so, ein Schleudern zu verhindern und dem Fahrer bei Bedarf das Umfahren von Hindernissen zu ermöglichen. ABS ist besonders nützlich auf rutschigen Oberflächen, auf denen Radschlupf wahrscheinlicher ist.

Wenn der Fahrer diese Mechanik versteht, kann er die Bedeutung einer regelmäßigen Bremsenwartung und die Vorteile von Technologien wie ABS erkennen, die die Sicherheit in kritischen Situationen erhöhen sollen.

Grundlagen der Fahrzeugsteuerung

Um ein Fahrzeug effektiv zu steuern, muss man nicht nur wissen, wie man lenkt und bremst. Es erfordert einen koordinierten Ansatz, bei dem Ihre Hände, Augen und Füße nahtlos zusammenarbeiten.

Lenkung: Eine präzise Lenkung ist unerlässlich, um die Fahrzeugstabilität zu erhalten und die Ermüdung des Fahrers zu minimieren, insbesondere bei langen Fahrten oder bei komplexen Manövern. Zwei gängige Lenkmethoden sind die Hand-über-Hand- und die Push-Pull-Technik, die jeweils für unterschiedliche Fahrbedingungen geeignet sind.

Beim Hand-über-Hand-Lenken wird eine Hand über die andere bewegt, um das Rad über eine halbe Umdrehung hinaus zu drehen. Diese Methode ermöglicht schnelle und flüssige

Bewegungen und ist daher ideal für Situationen, in denen erhebliche Lenkeingaben erforderlich sind, wie z. B. enge Kurvenfahrten, das Navigieren auf kurvenreichen Straßen oder bei Parkmanövern.

Bei der Push-Pull-Lenkung, auch bekannt als Shuffle-Lenkmethode, zieht jede Hand das Rad abwechselnd nach unten und die andere Hand nach oben. Diese Technik sorgt dafür, dass die Hände des Fahrers auf gegenüberliegenden Seiten des Lenkrads bleiben, was für mehr Kontrolle und Stabilität sorgt. Es wird dringend empfohlen, um die Kontrolle auf Autobahnen und bei Hochgeschwindigkeitsfahrten aufrechtzuerhalten, da es dazu beiträgt, das Fahrzeug stabil zu halten und Überkorrekturen zu reduzieren, die für die Sicherheit bei hohen Geschwindigkeiten entscheidend sind.

Beide Methoden haben ihre Vorteile, und die Wahl der richtigen hängt vom Fahrszenario ab. Regelmäßiges Üben beider Techniken kann die

Fähigkeit eines Fahrers verbessern, unter verschiedenen Fahrbedingungen die Kontrolle zu behalten, wodurch die Gesamtstabilität des Fahrzeugs verbessert und die Wahrscheinlichkeit von Ermüdung bei längerer Zeit hinter dem Lenkrad verringert wird.

Beschleunigung: Eine gleichmäßige Beschleunigung ist der Schlüssel, um die Kontrolle über das Fahrzeug zu behalten und die Motorleistung zu optimieren. Richtige Beschleunigungstechniken können das Fahrerlebnis verbessern, indem sie eine reibungslose Fahrt ermöglichen, die Kraftstoffeffizienz verbessern und den Motorverschleiß reduzieren.

Allmähliche Beschleunigung: Um eine sanfte Beschleunigung zu erreichen, treten Sie zunächst leicht auf das Gaspedal und erhöhen Sie den Druck allmählich, wenn das Fahrzeug an Geschwindigkeit gewinnt. Diese Methode hilft dem Motor und dem

Getriebe, effizient zusammenzuarbeiten, die Belastung des Antriebsstrangs zu minimieren und eine abrupte Leistungsentfaltung zu verhindern, die das Fahrzeug destabilisieren kann.

Antizipation des Verkehrsflusses: Das Verständnis und die Antizipation der Verkehrsbedingungen kann auch zu einer gleichmäßigeren Beschleunigung beitragen. Durch die Beobachtung des Verkehrsflusses kann ein Fahrer die Beschleunigungsrate entsprechend anpassen und unnötige Stopps und Starts vermeiden, die das Fahrzeug belasten und zu einem erhöhten Kraftstoffverbrauch führen können.

Verwendung geeigneter Gänge: Bei Fahrzeugen mit Schaltgetriebe ist die Wahl des richtigen Gangs für die Beschleunigung entscheidend. Das Starten in einem zu hohen Gang kann den Motor verlangsamen, während ein zu niedriger Gang zu einer übermäßigen Drehzahl führen kann. Wenn Sie wissen, wann Sie beim Beschleunigen des

Fahrzeugs hochschalten müssen, wird sichergestellt, dass der Motor im optimalen Drehzahlbereich läuft und eine effiziente Leistungsentfaltung und einen effizienten Kraftstoffverbrauch aufrechterhalten wird.

Durch die Einhaltung dieser Richtlinien kann der Fahrer sicherstellen, dass sein Fahrzeug sanft beschleunigt, eine optimale Kontrolle beibehält und effizient läuft, was sowohl die Leistung als auch den Fahrspaß steigert.

Die Denkweise und Einstellung des Fahrers

Der mentale Aspekt des Fahrens ist genauso wichtig wie die körperlichen Fähigkeiten. Die Denkweise eines Fahrers kann seine Reaktionszeit, Entscheidungsfindung und allgemeine Fahrleistung erheblich beeinflussen.

Situationsbewusstsein

Die Entwicklung des Situationsbewusstseins beinhaltet die Kultivierung eines scharfen Verständnisses der Fahrumgebung, um potenzielle Gefahren zu antizipieren, bevor sie gefährlich werden. Diese Fähigkeit ist für alle Fahrer unerlässlich, da sie proaktive statt reaktive Reaktionen ermöglicht und sowohl die Sicherheit als auch die Effizienz auf der Straße erhöht.

Regelmäßiges Scannen: Effektives Situationsbewusstsein beginnt mit dem regelmäßigen Scannen der Fahrumgebung. Dazu gehören die kontinuierliche Überprüfung der Spiegel, der Blick weit nach vorne auf der Straße und das Achten auf die Seiten und das Heck des Fahrzeugs. Regelmäßiges Scannen hilft, potenzielle Gefahren wie unberechenbare Fahrer, Fußgänger, die auf die Straße treten, oder plötzliche Änderungen des Verkehrsflusses zu identifizieren.

Vorhersagen von Handlungen anderer: Durch die Beobachtung des Verhaltens und der Positionierung anderer Verkehrsteilnehmer kann ein Fahrer seine möglichen nächsten Aktionen vorhersagen. Wenn ein Fahrer beispielsweise ein Auto an einer Kreuzung mit gedrehten Rädern sieht, deutet dies auf eine Abbiegeabsicht hin. Die Vorhersage dieser Aktionen ermöglicht frühzeitige Anpassungen der Geschwindigkeit oder Positionierung, wodurch die Wahrscheinlichkeit einer Kollision verringert wird.

Umweltfaktoren verstehen: Unterschiedliche Fahrbedingungen – sei es aufgrund von Wetter, Tageszeit oder Straßentyp – können die Fahrzeugleistung und das Fahrerverhalten erheblich beeinflussen. Regen, Nebel und Eis erfordern Anpassungen der Geschwindigkeit und der folgenden Entfernungen. Das frühzeitige Erkennen dieser Faktoren hilft, sicherere Fahrentscheidungen zu treffen.

Übung und Erfahrung: Der Aufbau von Situationsbewusstsein ist eine Fähigkeit, die sich mit Übung und Erfahrung verbessert. Die Teilnahme an defensiven Fahrkursen kann diesen Lernprozess beschleunigen, indem praktische Szenarien bereitgestellt werden, die die Wahrnehmungs- und Gefahrenerkennungsfähigkeiten verbessern.

Entscheidungsfindung

Die Verbesserung der Entscheidungsfähigkeiten beinhaltet die Verbesserung der Fähigkeit, Informationen schnell zu verarbeiten und unter Druck fundierte Entscheidungen zu treffen. Eine gute Entscheidungsfindung kann die Fahrsicherheit erheblich beeinträchtigen, insbesondere in unerwarteten Situationen oder Situationen mit hohem Druck.

Informationsbeschaffung: Eine schnelle und genaue Informationsbeschaffung ist entscheidend für eine effektive Entscheidungsfindung. Dazu gehört die Beobachtung von Verkehrszeichen, Straßenverhältnissen und den Handlungen anderer Fahrer und Fußgänger. Je mehr Informationen ein Fahrer hat, desto besser ist er in der Lage, sichere Entscheidungen zu treffen.

Risikobewertung: Die Bewertung des Risikos, das mit verschiedenen Fahrszenarien verbunden ist, ist eine Schlüsselkomponente der Entscheidungsfindung. Dazu gehört das Verständnis, welche Maßnahmen zu Gefahren führen könnten, und die Entscheidung über die beste Vorgehensweise zur Risikominderung. Die Entscheidung, ob ein langsam fahrendes Fahrzeug überholt werden soll, kann beispielsweise von der Sicht auf die Straße, der Geschwindigkeit des Gegenverkehrs und den Wetterbedingungen abhängen.

Ergebnisse antizipieren: Effektive Entscheidungsträger sind gut darin, die

Ergebnisse ihrer Entscheidungen zu antizipieren. Diese Weitsicht wird durch Erfahrung und Wissen entwickelt. Zum Beispiel kann es die sicherere Option sein, bei einem Hindernis zu bremsen, anstatt auszuweichen, insbesondere wenn das Ausweichen dazu führen könnte, die Kontrolle zu verlieren oder in anderen Verkehr auszuweichen.

Training und Übungen: Regelmäßiges Üben durch Fahrsimulationen oder reale Fahrübungen kann die Entscheidungsfähigkeit eines Fahrers verbessern. Diese Übungen helfen dabei, die Fähigkeit zu verfeinern, Informationen schnell zu verarbeiten und unter verschiedenen Umständen die beste Aktion auszuwählen.

Durch die kontinuierliche Arbeit an Situationsbewusstsein und Entscheidungsfähigkeiten verbessern die Fahrer nicht nur ihre eigene Sicherheit, sondern tragen auch zu sichereren Straßen für alle bei. Diese Fähigkeiten sind besonders wichtig in dynamischen Fahrumgebungen, in denen sich die Bedingungen abrupt ändern können und der Spielraum für Fehler gering ist.

Stressbewältigung

Ein effektiver Umgang mit Stress ist entscheidend, um in herausfordernden Fahrsituationen Ruhe und Konzentration zu bewahren. Stress kann das Urteilsvermögen, die Reaktionszeit und die allgemeine Fahrleistung beeinträchtigen und zu potenziell gefährlichen Ergebnissen führen. Hier sind einige Techniken, die helfen, Stress zu bewältigen und unterwegs gelassen zu bleiben:

Tiefes Atmen: Eine der einfachsten und effektivsten Methoden, um Stress abzubauen, ist das tiefe Atmen. Wenn Sie spüren, dass die Spannung steigt, atmen Sie tief und kontrolliert ein. Atmen Sie langsam durch die Nase ein, halten Sie einige Sekunden lang und atmen Sie dann langsam durch den Mund aus. Diese Technik hilft,

Herzfrequenz und Blutdruck zu senken und das Nervensystem zu beruhigen.

Vorbereitung: Ein Großteil des mit dem Autofahren verbundenen Stresses kann durch die richtige Vorbereitung gemildert werden. Dazu gehört, dass Sie Ihre Route im Voraus planen, zusätzliche Zeit für die Fahrt einplanen, um unerwartete Verzögerungen auszugleichen, und sicherstellen, dass Ihr Fahrzeug in gutem Zustand ist. Vorbereitet zu sein, kann die Angst vor Verspätung oder Verirrung verringern.

Entspannende Musik oder Hörbücher: Das Hören von beruhigender Musik oder ansprechenden Hörbüchern kann Ihnen helfen, sich von den Stressfaktoren des Verkehrs abzulenken und eine entspanntere Umgebung im Fahrzeug zu schaffen.

Achtsamkeit und Bewusstsein: Achtsamkeit zu üben bedeutet, im Moment präsent zu sein und sich seiner Umgebung bewusst zu sein, ohne zuzulassen, dass Emotionen die eigenen Handlungen überwältigen. Wenn Sie gestresst sind, erkennen Sie das Gefühl an, beurteilen Sie, warum Sie sich so fühlen, und konzentrieren Sie sich bewusst wieder auf die Aufgabe des Fahrens.

Adaptives Denken

Beim adaptiven Denken geht es darum, flexibel zu sein und sich schnell an veränderte Bedingungen und Szenarien auf der Straße anzupassen. Diese kognitive Flexibilität hilft nicht nur bei der Bewältigung unerwarteter Situationen, sondern erhöht auch die allgemeine Fahrsicherheit. So können Fahrer adaptives Denken kultivieren:

Szenarioplanung: Denken Sie regelmäßig über mögliche Fahrszenarien nach und wie Sie damit umgehen können. Überlegen Sie zum Beispiel, wie Sie auf eine plötzliche Straßensperrung, eine Fahrzeugpanne oder gefährliche Wetterbedingungen reagieren würden. Diese mentale Probe bereitet Sie darauf vor, schnell und effektiv zu handeln, wenn Sie mit der realen Situation konfrontiert werden.

Kontinuierliches Lernen: Je mehr Wissen Sie haben, desto besser sind Sie gerüstet, um sich anzupassen. Bleiben Sie auf dem Laufenden über die neuesten Verkehrssicherheitsregeln, Fahrzeugtechnologien und Fahrtechniken. Die Teilnahme an Fahrkursen für Fortgeschrittene kann auch Einblicke und praktische Fähigkeiten für den Umgang mit unerwarteten Situationen vermitteln.

Situationsbewusstsein: Wenn Sie sich Ihrer Umgebung sehr bewusst sind, können Sie sich schnell an Veränderungen anpassen. Behalten Sie Verkehrsmuster, Straßenbedingungen und Verhaltensweisen anderer Fahrer im Auge. Diese hohe Wachsamkeit ermöglicht es Ihnen, Veränderungen schneller zu antizipieren und darauf zu reagieren.

Flexibilität bei der Entscheidungsfindung: Adaptive Denker sind offen dafür, ihre Pläne auf der Grundlage neuer Informationen zu ändern. Wenn Sie auf unerwarteten Verkehr stoßen, sollten Sie bereit sein, eine alternative Route zu nehmen. Wenn sich die Wetterbedingungen verschlechtern, passen Sie Ihre Geschwindigkeit an oder suchen Sie sich bei Bedarf einen sicheren Ort, an dem Sie anhalten können.

Durch die Kombination von Stressmanagement und adaptivem Denken können Fahrer ihre Fähigkeit verbessern, Herausforderungen auf der Straße effektiv und sicher zu bewältigen. Diese Fähigkeiten tragen nicht nur zur persönlichen Sicherheit bei, sondern sorgen auch für ein angenehmeres und stressfreieres Fahrerlebnis.

Praktische Übungen

Jeder Abschnitt dieses Kapitels enthält praktische Übungen, die dazu beitragen sollen, die besprochenen Fähigkeiten zu festigen. Diese Übungen können in einer sicheren, kontrollierten Umgebung wie einem freien Parkplatz oder in verkehrsarmen Zeiten durchgeführt werden, um Selbstvertrauen und Kompetenz aufzubauen.

Gewichts-Transfer-Bohrer

Das Verständnis und die Steuerung der Gewichtsverlagerung in einem Fahrzeug ist entscheidend für die Verbesserung der Kontrolle und Sicherheit bei Fahrmanövern. So können Sie Gewichtsübertragungsübungen üben:

Geradeaus beschleunigen und bremsen: Wählen Sie einen sicheren, flachen Bereich wie einen leeren Parkplatz. Beginnen Sie mit langsamem

Beschleunigen auf gerader Linie und betätigen Sie dann sanft die Bremsen. Beachten Sie, wie sich das Gewicht des Fahrzeugs beim Bremsen nach vorne zu den Vorderrädern und beim Beschleunigen zurück zu den Hinterrädern verlagert. Diese Übung hilft Ihnen, die Dynamik Ihres Fahrzeugs unter verschiedenen Lasten zu spüren und Ihre Fähigkeit zu verbessern, das Auto bei plötzlichen Geschwindigkeitsänderungen zu kontrollieren.

Allmähliche Steigerung der Intensität: Wenn Sie sich mit den Grundbewegungen wohler fühlen, erhöhen Sie allmählich die Geschwindigkeit, mit der Sie beschleunigen und bremsen. Dies wird Ihr Verständnis dafür verbessern, wie sich signifikantere Geschwindigkeitsänderungen auf die Gewichtsverteilung auswirken. Üben Sie, die Kontrolle über das Fahrzeug zu behalten, wenn die Gewichtsverlagerungen ausgeprägter werden.

Slalom-Strecke

Das Einrichten eines Slalomkurses ist eine hervorragende Möglichkeit, das Lenken zu üben und die seitliche Gewichtsverlagerung zu verstehen, die für den Kurvenfluss und das sichere Ausweichen entscheidend ist.

Aufbau und Ausführung: Verwenden Sie Hütchen oder andere sichere Markierungen, um einen Slalomkurs auf einem leeren Parkplatz oder einer ähnlichen kontrollierten Umgebung einzurichten. Beginnen Sie mit mäßiger Geschwindigkeit und schlängeln Sie sich durch die Hütchen, während Sie die Kontrolle über das Fahrzeug behalten. Konzentrieren Sie sich auf sanfte Lenkeingaben, um den Kurs effektiv zu navigieren.

Seitliche Gewichtsverlagerung verstehen: Beobachten Sie beim Lenken von einer Seite zur anderen, wie sich das Gewicht des Fahrzeugs von einer Seite auf die andere verlagert. Diese seitliche

Gewichtsverlagerung wirkt sich auf den Grip der Reifen auf der Straße aus. Das Management dieser Gewichtsverlagerung durch kontrollierte, sanfte Lenkung trägt dazu bei, die Fahrzeugstabilität zu erhalten und ein Schleudern zu verhindern.

Zunehmende Komplexität: Wenn sich Ihre Fähigkeiten verbessern, erhöhen Sie allmählich Ihre Geschwindigkeit und verringern Sie den Abstand zwischen den Kegeln, um den Drill schwieriger zu machen. Dies wird Ihnen helfen, Ihre Lenktechnik und Ihre Fähigkeit, das Fahrzeug bei höheren Geschwindigkeiten und engeren Kurven zu handhaben, zu verfeinern.

Not-Aus

Das Üben von Notbremsungen ist unerlässlich, um die Wirksamkeit des Bremssystems Ihres Fahrzeugs zu verstehen, einschließlich des Antiblockiersystems (ABS), falls vorhanden.

Üben Sie mit unterschiedlichen Geschwindigkeiten: Beginnen Sie in einer sicheren, kontrollierten Umgebung wie einem leeren Parkplatz mit niedriger Geschwindigkeit und führen Sie dann einen plötzlichen Stopp durch. Achten Sie darauf, wie das Fahrzeug reagiert, und spüren Sie, ob das ABS aktiviert wird, das ein Blockieren der Räder verhindert und es Ihnen ermöglicht, die Lenkkontrolle zu behalten.

ABS-Funktionalität: Wenn Ihr Fahrzeug über ABS verfügt, können Sie während der Notbremsung ein pulsierendes Gefühl im Bremspedal spüren. Dies ist normal und zeigt an, dass das ABS funktioniert. Es ermöglicht den Rädern, die Traktion auf der Straßenoberfläche aufrechtzuerhalten, ein Schleudern zu verhindern und Ihnen das Lenken beim Bremsen zu ermöglichen.

Geschwindigkeit erhöhen: Sobald Sie sich mit Stopps bei niedriger Geschwindigkeit vertraut gemacht haben, erhöhen Sie allmählich Ihre

Fahrgeschwindigkeit und üben Sie Notbremsungen bei höheren Geschwindigkeiten. Dies hilft Ihnen zu verstehen, wie sich der Bremsweg mit der Geschwindigkeit verlängert und wie Sie Ihre Bremsen in dringenden Situationen effektiv einsetzen können.

Diese praktischen Übungen sollen Ihre Fahrfähigkeiten, Reaktionszeiten und Ihr Verständnis für die Fahrzeugdynamik unter verschiedenen Fahrbedingungen verbessern. Regelmäßiges Üben erhöht Ihre Fahrsicherheit und Ihr Selbstvertrauen.

Schlussfolgerung

Die Beherrschung der Grundlagen des Fahrens bildet eine solide Grundlage für fortgeschrittene Fahrtechniken. Es stellt sicher, dass Sie als Fahrer nicht nur in der Lage sind, Ihr Fahrzeug unter normalen Umständen zu handhaben, sondern auch darauf vorbereitet sind, mit unerwarteten

Situationen effektiv umzugehen. Wenn wir zu spezielleren Kapiteln übergehen, sollten Sie diese grundlegenden Fähigkeiten im Hinterkopf behalten, da sie die Bausteine sind, auf denen alle fortgeschrittenen Fahrtechniken basieren.

Kapitel 3: Performance-Fahrtechniken

Hochgeschwindigkeits-Handling und -Steuerung

Die Beherrschung des Hochgeschwindigkeitsfahrens erfordert ein tiefes Verständnis dafür, wie man die Kontrolle behält, während man mit höheren Geschwindigkeiten navigiert. Dieser Abschnitt befasst sich mit den Techniken, die Sicherheit und Präzision beim schnellen Fahren gewährleisten.

Hochgeschwindigkeits-Lenkung

Das Lenken bei hohen Geschwindigkeiten erfordert Präzision und Laufruhe, um die Kontrolle und Stabilität des Fahrzeugs zu erhalten. So beherrschen Sie

Hochgeschwindigkeitslenktechniken:

Sanfte Lenkeingaben: Bei hohen Geschwindigkeiten können abrupte Lenkbewegungen das Fahrzeug destabilisieren und zum Verlust der Kontrolle führen. Üben Sie sanfte, allmähliche Lenkeingaben. Ziel ist es, das Lenkrad gleichmäßig zu bewegen, um plötzliche Gewichtsverlagerungen zu vermeiden, die das Auto aus dem Gleichgewicht bringen können.

Vorausschauendes Lenken: Erkennen Sie Kurven weit im Voraus und lenken Sie sanft in die Kurve hinein. Diese Methode ermöglicht es dem Auto, mit minimaler Seitenkraft in Kurven einzufahren und zu verlassen, wodurch eine bessere Traktion und Kontrolle erhalten bleibt.

Lenkung und Fahrdynamik: Verstehen Sie, wie Ihr Fahrzeug bei verschiedenen Geschwindigkeiten auf die Lenkung reagiert. Autos mit Hinterradantrieb verhalten sich beispielsweise unter den gleichen Lenkbedingungen anders als Fahrzeuge mit Frontantrieb. Machen Sie sich mit den Eigenschaften Ihres Fahrzeugs vertraut und passen Sie Ihre Lenktechnik entsprechend an.

Üben Sie in sicheren Umgebungen: Nutzen Sie Rennstrecken oder Fahrertrainingseinrichtungen, um das Hochgeschwindigkeitslenken unter kontrollierten Bedingungen zu üben. Diese Umgebungen bieten die Sicherheit und den Platz, den Sie benötigen, um Ihre Fähigkeiten zu verfeinern, ohne die Risiken, die auf öffentlichen Straßen auftreten.

Bremsen bei hohen Geschwindigkeiten

Effektives Bremsen bei hoher Geschwindigkeit ist entscheidend für sicheres Fahren, insbesondere wenn die Geschwindigkeit vor einer Kurve oder als Reaktion auf Straßengefahren schnell reduziert werden muss.

Progressives Bremsen: Betätigen Sie die Bremsen progressiv und nicht alle auf einmal. Beginnen Sie mit leichtem Druck auf das Bremspedal und erhöhen Sie ihn allmählich. Diese Technik verhindert, dass die Räder blockieren und die Bremsen überhitzen, wodurch Traktion und Kontrolle erhalten bleiben.

Trail Braking: Trail Braking ist eine Technik, die verwendet wird, um das Auto in Kurven auszubalancieren. Es geht darum, im ersten Teil der Kurve weiter zu bremsen und die Bremse allmählich zu lösen, wenn Sie in die Kurve einbiegen. Dieser Prozess verlagert das Gewicht des Fahrzeugs nach vorne und erhöht den Grip der Vorderreifen, was für die Aufrechterhaltung der Kontrolle während der Kurve entscheidend ist.

ABS und Hochgeschwindigkeitsbremsen: Wenn Ihr Fahrzeug mit einem Antiblockiersystem (ABS) ausgestattet ist, sollten Sie wissen, wie es funktioniert. Das ABS verhindert das Blockieren der

Räder bei plötzlichen Bremsungen und ermöglicht es Ihnen, die Kontrolle über die Lenkung zu behalten. Verlassen Sie sich bei Hochgeschwindigkeitsstopps auf das ABS, um die Stabilität des Fahrzeugs zu gewährleisten.

Regelmäßige Bremsenwartung: Hochgeschwindigkeitsbremsen verlangen Ihrem Bremssystem viel ab. Stellen Sie sicher, dass Ihre Bremsen gut gewartet sind, indem Sie regelmäßig Bremsbeläge, Flüssigkeiten und Rotoren überprüfen, um den extremen Bedingungen beim Bremsen bei hohen Geschwindigkeiten standzuhalten.

Aerodynamik

Die Aerodynamik spielt eine wichtige Rolle für die Fahrzeugleistung, insbesondere bei hohen Geschwindigkeiten. Das Verständnis dieser Kräfte kann Ihr Fahren bei hohen Geschwindigkeiten erheblich verbessern, indem sowohl die Stabilität als auch die Effizienz optimiert werden.

Abtrieb und Auftrieb: Aerodynamische Kräfte beeinflussen, wie viel Grip Ihr Fahrzeug auf der Straße hat. Der Abtrieb drückt das Auto auf die Straße, erhöht die Traktion der Reifen, erhöht aber möglicherweise auch den Luftwiderstand. Umgekehrt kann Auftrieb die Traktion und Stabilität der Straße verringern. Aerodynamische Modifikationen wie Spoiler, Diffusoren und Splitter können helfen, diese Kräfte zu bewältigen.

Aerodynamische Effizienz: Fahrzeuge, die auf aerodynamische Effizienz ausgelegt sind, können höhere Geschwindigkeiten mit geringerer Leistung und besserer Kraftstoffeffizienz beibehalten. Merkmale wie stromlinienförmige Formen, flache Unterseiten und Kanäle können den Luftwiderstand verringern und die Leistung verbessern.

Fahrtechnik-Anpassungen: Passen Sie Ihr Fahrverhalten an die aerodynamischen Eigenschaften Ihres Fahrzeugs an. Zum Beispiel könnten Autos mit besserem aerodynamischem

Design Hochgeschwindigkeitskurven mit mehr Stabilität bewältigen, was eine sanftere und schnellere Kurvenfahrt ermöglicht.

Seitenwind verstehen: Bei hohen Geschwindigkeiten kann Seitenwind die Fahrzeugstabilität beeinträchtigen. Zu erkennen, wie Ihr Fahrzeug auf solche Bedingungen reagiert, und Ihre Fahrweise entsprechend anzupassen, ist entscheidend, um die Kontrolle zu behalten.

Durch die Beherrschung dieser Aspekte des Lenkens und Bremsens bei hohen Geschwindigkeiten und des Verständnisses der Aerodynamik können Fahrer ihre Kontrolle und Sicherheit bei höheren Geschwindigkeiten erheblich verbessern.

Techniken für Kurvenfahrten

Kurvenfahrten bei hohen Geschwindigkeiten sind eine entscheidende Fähigkeit beim Hochleistungsfahren. In diesem Abschnitt werden die wesentlichen Techniken für eine effiziente und sichere Kurvennavigation behandelt.

Die Ideallinie

Das Verständnis und die Verwendung der Ideallinie ist entscheidend für die Minimierung des Kurvenabstands und die Maximierung der Geschwindigkeit in Kurven. Die Ideallinie ist der optimale Weg, den ein Fahrzeug durch eine Kurve nehmen sollte, um die höchstmögliche Geschwindigkeit beizubehalten. So beherrschen Sie diese Technik:

Identifizierung der Ideallinie: Die ideale Ideallinie besteht normalerweise darin, von außen in eine Kurve einzufahren, am Scheitelpunkt nahe an der Innenkante zu schneiden und dann außen wieder auszufahren. Dieser Weg ermöglicht einen breiteren Bogen, der dem Fahrzeug einen sanfteren Kurvenradius verleiht und höhere Geschwindigkeiten durch die Kurve ermöglicht.

Böschungswinkel: Wenn Sie sich einer Kurve nähern, versuchen Sie, Ihr Fahrzeug am äußeren Rand der Strecke oder Straße zu positionieren. Dieses Setup gibt Ihnen einen besseren Winkel, um zum Scheitelpunkt hin zu schneiden, wodurch die Schärfe der Kurve verringert wird.

Sanfter Übergang: Wenn Sie sich dem Scheitelpunkt nähern, drehen Sie sich sanft darauf zu. Ziel ist es, die Lenkeinstellungen schrittweise vorzunehmen, um die Stabilität zu erhalten und das Fahrzeug in der Kurve im Gleichgewicht zu halten.

Ausstiegsstrategie: Nachdem du den Scheitelpunkt erreicht hast, lenkst du das Fahrzeug allmählich zurück zur Außenseite der Strecke, während du aus der Kurve herausfährst. Dieser Ansatz hilft, die Geschwindigkeit beizubehalten und bereitet Sie auf die nächste Kurve oder den nächsten geraden Abschnitt vor.

Scheitelpunkt

Beim Scheitelpunkt geht es darum, den Scheitelpunkt einer Kurve zu finden und zu überfahren – den Punkt, an dem Ihr Auto der Innenseite der Kurve am nächsten kommt. Diese Technik ist entscheidend für die Aufrechterhaltung einer optimalen Flugbahn durch die Kurve.

Den Scheitelpunkt finden: Der Scheitelpunkt befindet sich nicht immer genau in der Mitte einer Kurve. Sie kann je nach Kurvenform und Dynamik Ihres Fahrzeugs variieren. Sie müssen jede Ecke einzeln bewerten.

Annäherung an den Scheitelpunkt: Wenn Sie sich der Kurve nähern, reduzieren Sie Ihre Geschwindigkeit auf ein angemessenes Niveau, bevor Sie in die Kurve einfahren. Beginnen Sie, sich sanft in Richtung des Scheitelpunkts zu drehen, und versuchen Sie, ihn an der engsten Stelle der Kurve sehr nahe zu streifen.

Visueller Fokus: Halte deine Augen auf den Scheitelpunkt gerichtet, wenn du dich der Kurve näherst, und verlagere deinen Fokus dann auf den Ausgang, sobald du den Scheitelpunkt erreicht hast. Diese Technik trägt dazu bei, dass Sie das Fahrzeug in der gesamten Kurve richtig positionieren.

Übung und Anpassung: Die Beherrschung des Apexing erfordert Übung und Anpassung. Jede Strecke oder Straße hat ihre einzigartigen Eigenschaften, und das Erlernen des effektiven Lesens kommt aus Erfahrung.

Gewichtsverlagerung in Ecken

Ein effektives Management der Gewichtsverlagerung während der Kurvenfahrt ist entscheidend für die Aufrechterhaltung der Kontrolle und die Maximierung der Reifenhaftung.

Gewichtsdynamik verstehen: Wenn Sie ein Fahrzeug wenden, drückt die Zentrifugalkraft das Gewicht nach außen in die Kurve, was dazu führen kann, dass die inneren Räder etwas von ihrem Grip verlieren. Die Bewältigung dieser Gewichtsverlagerung ist der Schlüssel zur Aufrechterhaltung des Gleichgewichts und der Traktion.

Einfahrt in die Kurve: Wenn Sie in eine Kurve hinein verzögern, verlagert sich das Gewicht des Fahrzeugs nach vorne auf die Vorderräder, wodurch deren Grip verbessert wird. Nutzen Sie diesen erhöhten Frontgrip zu Ihrem Vorteil, indem Sie kurz vor der Kurve bremsen, um die

Vorderreifen zu belasten.

Durch die Kurve: Gib in der Kurve gleichmäßig Gas, um das Gewicht zwischen Vorder- und Heck des Autos auszugleichen. Abrupte Geschwindigkeitsänderungen können das Gewicht plötzlich verlagern und möglicherweise zum Verlust der Kontrolle führen.

Ausfahrt aus der Kurve: Beschleunigen Sie am Kurvenausgang allmählich, um das Gewicht wieder auf die Hinterräder zu verlagern, was dazu beiträgt, Traktion und Geschwindigkeit am Ausgang zu gewinnen.

Durch die Beherrschung der Techniken der Ideallinien, des Scheitelpunkts und der Gewichtsverlagerung während der Kurvenfahrt können die Fahrer ihre Leistung auf der Strecke erheblich verbessern, indem sie jede Kurve sanfter und schneller machen und gleichzeitig die Kontrolle und Sicherheit behalten.

Überholen und Verwenden des Getriebes

Effektive Überholmanöver und das richtige Getriebemanagement sind für das Leistungsfahren von entscheidender Bedeutung, insbesondere in Wettbewerbssituationen.

Sichere Überholtechniken

Das Überholen oder Überholen eines anderen Fahrzeugs erfordert eine sorgfältige Bewertung, ein präzises Timing und eine ordnungsgemäße Ausführung, um sicherzustellen, dass es sicher durchgeführt wird, ohne die Sicherheit anderer Verkehrsteilnehmer zu gefährden. So gehen Sie sicheres Überholen an:

Beurteilung der Situation: Bevor Sie sich zum Überholen entscheiden, bewerten Sie die Straßenverhältnisse, die Verkehrsdichte und die

Geschwindigkeitsbegrenzungen. Stellen Sie sicher, dass die Spur, auf die Sie wechseln möchten, frei ist und dass Sie genügend Platz haben, um sicher zu passieren. Achten Sie auf Verkehrsschilder oder örtliche Gesetze, die das Überholen in bestimmten Bereichen verbieten könnten.

Timing des Manövers: Das Timing ist entscheidend für ein sicheres Überholen. Sie sollten eine klare Sicht auf die Straße vor Ihnen haben und keinen Gegenverkehr, der Ihr Manöver beeinträchtigen könnte. Verwenden Sie die Spiegel und Blinker, um Ihre Absicht anzuzeigen, lange bevor Sie Ihren Zug machen. Stellen Sie sicher, dass Sie genügend Zeit und Platz haben, um zu überholen und auf Ihre Spur zurückzukehren, ohne das zu überholende Fahrzeug zum Verlangsamen zu zwingen.

Ausführen des Überholens: Beschleunigen Sie sanft, aber fest, um das andere Fahrzeug schnell und sicher zu überholen. Halten Sie auf der Überholspur einen gleichmäßigen Kurs und überwachen Sie den Abstand zu dem Fahrzeug, das Sie überholen. Überprüfen Sie nach dem Vorbeifahren Ihre Spiegel und stellen Sie sicher, dass Sie die Vorderseite des Fahrzeugs sehen können, das Sie überholt haben, bevor Sie signalisieren und auf Ihre Spur zurückkehren.

Verwendung des Getriebes

Der effektive Einsatz des Getriebes kann sowohl die Leistung als auch die Kontrolle Ihres Fahrzeugs verbessern und sicherstellen, dass Sie immer im optimalen Gang für Leistungsentfaltung und Kraftstoffeffizienz sind.

Wahl des richtigen Gangs: Die Wahl des richtigen Gangs hängt von Ihrer Geschwindigkeit, dem Gelände und Ihren unmittelbaren Fahrbedürfnissen ab. Niedrigere Gänge werden in der Regel für niedrigere Geschwindigkeiten, höheren Leistungsbedarf und das Erklimmen von Hügeln verwendet, während höhere Gänge für höhere Geschwindigkeiten und ebenere oder bergab fahrende Fahrten geeignet sind.

Aufrechterhaltung der Leistungsentfaltung: Um eine effiziente Leistungsentfaltung aufrechtzuerhalten, insbesondere in Leistungs- oder schwierigen Fahrsituationen, ist es wichtig, den Motor in seinem "Leistungsband" zu halten. Das Leistungsband ist der Drehzahlbereich, bei dem er die meiste Leistung effizient erzeugt. Das Schalten von Gängen, um innerhalb dieses Bereichs zu bleiben, kann beim Beschleunigen und Überholen helfen.

Fahrzeugkontrolle: Die Verwendung des richtigen Gangs kann sich auch auf die Fahrzeugkontrolle auswirken. Zum Beispiel können niedrigere Gänge bei rutschigen Bedingungen oder beim Abfahren steiler Hügel eine bessere

Kontrolle bieten und die Notwendigkeit des Bremsens verringern, was zu Schleudern führen kann.

Drehzahlanpassung und Herunterschalten

Die Drehzahlanpassung ist eine Technik, mit der die Motordrehzahl beim Herunterschalten mit der Raddrehzahl synchronisiert wird. Es hilft dabei, sanftere Übergänge zu schaffen und die Kontrolle über das Fahrzeug während des Gangwechsels zu behalten.

Drehzahlanpassung verstehen: Wenn Sie herunterschalten, insbesondere bei höheren Geschwindigkeiten, kann es zu einer Diskrepanz zwischen der Drehzahl des Motors und des Getriebes kommen, was dazu führt, dass das Fahrzeug ruckelt und möglicherweise destabilisiert wird. Bei der Drehzahlanpassung wird die

Motordrehzahl erhöht, bevor der niedrigere Gang eingelegt wird, um der Geschwindigkeit des Antriebsstrangs zu entsprechen.

Ausführen der Drehzahlanpassung: Um die Drehzahlanpassung anzupassen, während Sie sich auf das Herunterschalten vorbereiten, drücken Sie die Kupplung und drücken Sie gleichzeitig leicht auf das Gaspedal, um die Motordrehzahl zu erhöhen. Bei steigender Motordrehzahl in den nächstniedrigeren Gang schalten und die Kupplung loslassen. Ziel ist es, dass die Motordrehzahl nahtlos mit der niedrigeren Gangdrehzahl übereinstimmt.

Vorteile von Rev Matching: Diese Technik macht nicht nur den Übergang sanfter, schont die Lebensdauer des Getriebes und verbessert den Komfort, sondern hält das Fahrzeug auch stabiler und reaktionsschneller bei Kurvenfahrten oder beim Verzögern.

Durch die Beherrschung sicherer Überholtechniken, der effizienten Nutzung des Getriebes und fortgeschrittener Fähigkeiten wie der Drehzahlanpassung können Fahrer ihre Fahreffizienz, Leistung und Sicherheit auf der Straße verbessern.

Traktion verstehen und nutzen

Traktion ist der Schlüssel zu effektivem Beschleunigen, Bremsen und Kurvenfahren. In diesem Abschnitt wird erläutert, wie Sie die Traktion in dynamischen Fahrsituationen maximieren und verwalten können.

Traktionskreis

Der Traktionskreis ist ein grundlegendes Konzept der Fahrdynamik, das das Verhältnis zwischen seitlichen (seitlichen) und longitudinalen (vorwärts oder rückwärts) Kräften, die auf ein Fahrzeug wirken, verdeutlicht. Das Verständnis dieser Beziehung ist entscheidend, um den Grip des Fahrzeugs in verschiedenen Fahrsituationen zu maximieren.

Konzeptübersicht: Stellen Sie sich einen Kreis vor, der den maximalen Grip oder die Traktion der Reifen darstellt. Jede Kraft, die auf das Fahrzeug ausgeübt wird, sei es beim Beschleunigen, Bremsen oder Kurvenfahren, verwendet einen Teil dieses Kreises. Der Schlüssel ist, dass die kombinierte Anforderung an Quer- und Längsgrip die Grenze des Kreises nicht überschreiten darf; Andernfalls verlieren die Reifen die Traktion.

Anwendung des Konzepts: Wenn Sie beim Fahren wenden (mit seitlicher Traktion) und beschleunigen oder bremsen möchten (mit Längstraktion), müssen Sie diese Kräfte ausgleichen. Wenn in eine Richtung zu viel Kraft ausgeübt wird, verringert sich die verfügbare Traktion für die andere. Wenn Sie beispielsweise hart in Kurven fahren (in der Nähe der Kante des seitlichen Griffs), haben Sie weniger Kapazität zum Beschleunigen oder Bremsen, ohne ins Schleudern zu geraten.

Praktischer Nutzen: Fahrer können den Traktionskreis verwenden, um zu verstehen, wie sie sich den Grenzen des Fahrverhaltens nähern können. Durch das Ausloten der Grenzen der Traktion in sicheren Umgebungen wie einer Rennstrecke können die Fahrer ihre Eingaben besser steuern, um innerhalb dieser Grenzen zu bleiben, was sowohl die Sicherheit als auch die Leistung verbessert.

Reifenhaftung

Die Reifenhaftung ist entscheidend für effektives Fahren, da sie bestimmt, wie gut ein Fahrzeug starten, anhalten und kurven kann. Der Grip wird durch das Reifendesign, den Zustand und die Interaktion mit verschiedenen Straßenoberflächen beeinflusst.

Auswirkungen von Oberflächen und Bedingungen: Unterschiedliche Fahroberflächen wie Asphalt, Schotter oder nasse Straßen wirken sich unterschiedlich auf die Reifenhaftung aus. Zum Beispiel verringern nasse Straßen die Reibung zwischen Reifen und Straße, was zu geringerem Grip führt. Ebenso kann eine staubige oder sandige Oberfläche dazu führen, dass Reifen leichter rutschen als eine saubere, trockene Oberfläche.

Anpassen des Fahrens für den Grip: Um das Fahren basierend auf der Reifenhaftung anzupassen, beachten Sie Folgendes:

- **Reduzierte Geschwindigkeit auf rutschigem Untergrund**: Verringern Sie Ihre Geschwindigkeit bei nassen oder eisigen Bedingungen, um das Schleuderrisiko zu verringern.

- **Weichere Kurvenfahrt**: Nehmen Sie Kurven bei nicht idealen Straßenverhältnissen sanfter, um zu verhindern, dass die Reifen den seitlichen Grip verlieren.
- **Erhöhte Folgeabstände**: Lassen Sie bei schlechten Bedingungen mehr Abstand zwischen Ihrem Fahrzeug und dem vorausfahrenden Fahrzeug, um längere Bremswege auszugleichen.

Reifenpflege: Stellen Sie sicher, dass die Reifen in gutem Zustand sind, eine ausreichende Profiltiefe und einen korrekten Luftdruck, da beides den Grip erheblich beeinträchtigt.

Dynamisches Gewichtsmanagement

Beim dynamischen Gewichtsmanagement wird die Gewichtsverteilung des Fahrzeugs durch verschiedene Manöver manipuliert, um die Traktion dort zu verbessern, wo sie am dringendsten benötigt wird.

Gewichtsverlagerung verstehen:

Gewichtsverlagerung tritt auf, wenn Kräfte das Gewicht des Fahrzeugs von einem Teil auf ein anderes verlagern. Zum Beispiel verlagert das Beschleunigen das Gewicht auf die Hinterräder, was deren Grip verbessert, aber möglicherweise die Traktion der Vorderräder verringert.

Techniken zur Gewichtskontrolle:

- **Sanftes Beschleunigen und Bremsen**: Gashebel und Bremsen sanft betätigen, um abrupte Gewichtsverlagerungen zu vermeiden, die zu Traktionsverlust führen können.
- **Balancieren in Kurven**: Wenn Sie in eine Kurve einfahren, mäßigen Sie Ihre Geschwindigkeit und nutzen Sie die natürliche Gewichtsverlagerung auf die äußeren Räder, um den Grip zu verbessern. Durch die allmähliche Beschleunigung aus der Kurve heraus kann das Gewicht dann

wieder auf die Hinterräder verteilt werden, um eine bessere Austrittsgeschwindigkeit zu erzielen.

- **Verwendung der Federungseinstellungen**: Die einstellbare Federung kann helfen, die Gewichtsübertragung über das Fahrzeug zu steuern. Durch die Versteifung der Federung kann die Wankneigung der Karosserie bei Kurvenfahrten reduziert und eine ausgewogenere Gewichtsverteilung aufrechterhalten werden.

Durch die Beherrschung dieser Konzepte und Techniken – das Verständnis des Traktionskreises, die Optimierung der Reifenhaftung und das Management des dynamischen Gewichts – können Sie Ihr Handling und Ihre Sicherheit unter verschiedenen Fahrbedingungen erheblich verbessern. Diese Fähigkeiten sind besonders wertvoll beim Hochleistungsfahren und bei schwierigen Wetterbedingungen.

Praktische Übungen

Um diese Performance-Fahrtechniken in die Praxis umzusetzen, können mehrere Übungen auf einer Rennstrecke oder einem ausgewiesenen sicheren Fahrbereich durchgeführt werden.

Slalom bei höheren Geschwindigkeiten

Das Üben von Slalomübungen bei höheren Geschwindigkeiten ist eine hervorragende Möglichkeit, die Lenkpräzision zu verbessern und zu lernen, die seitliche Gewichtsverlagerung effektiv zu steuern. Diese Übung hilft den Fahrern zu verstehen, wie sie ihr Fahrzeug unter dynamischen Lastbedingungen kontrollieren können, was sowohl für die Sicherheit als auch für die Leistung entscheidend ist.

Aufbau und Ausführung: Stellen Sie eine Reihe von Kegeln in einer geraden Linie auf, die jeweils in gleichmäßigem Abstand voneinander entfernt sind, in einer sicheren, kontrollierten Umgebung wie einer geschlossenen Strecke oder einem leeren Parkplatz. Beginnen Sie mit einer niedrigeren Geschwindigkeit, um sich an den Slalompfad zu gewöhnen, und erhöhen Sie Ihre Geschwindigkeit allmählich, wenn Sie sich mit dem Manöver wohler fühlen.

Verbesserung der Lenkpräzision: Wenn Sie mit höheren Geschwindigkeiten durch die Kegel navigieren, konzentrieren Sie sich auf sanfte, präzise Lenkeingaben. Schnelle, ruckartige Bewegungen können das Fahrzeug verunsichern und zum Verlust der Kontrolle führen. Das Ziel ist es, sich mit minimalen Lenkanpassungen durch die Hütchen zu schlängeln und gerade genug Input zu verwenden, um das Fahrzeug zu führen und gleichzeitig den Schwung beizubehalten.

Verwaltung der seitlichen Gewichtsverlagerung: Hochgeschwindigkeits-Slalomübungen eignen sich hervorragend, um zu verstehen, wie sich das Gewicht bei schnellen Richtungswechseln von einer Seite des Fahrzeugs auf die andere verlagert. Spüren Sie, wie das Gewicht des Fahrzeugs in jeder Kurve auf die Außenreifen lastet, und lernen Sie, diese Übertragung zu antizipieren, um das Gleichgewicht und den Grip zu erhalten.

Gezeitete Runden

Die Verwendung von Zeitrunden zum Üben der Ideallinie und zur Verbesserung der Kurventechniken bietet einen strukturierten Ansatz zur Verbesserung der Fahrfähigkeiten, insbesondere bei der Aufrechterhaltung und sogar Erhöhung der Geschwindigkeit in Kurven, ohne die Fahrzeugkontrolle zu beeinträchtigen.

Einrichten von Zeitsitzungen: Wenn möglich, ist der Zugang zu einer Rennstrecke, auf der Sie sicher gezeitete Runden fahren können, ideal. Verwenden Sie eine Stoppuhr oder einen Laptimer, um Ihre Leistung zu messen. Beginnen Sie mit der Festlegung einer Basis-Rundenzeit und arbeiten Sie dann daran, diese zu verbessern, während Sie Ihre Techniken verfeinern.

Üben der Ideallinie: Konzentrieren Sie sich darauf, die Ideallinie in jeder Kurve der Strecke zu perfektionieren. Denken Sie daran, dass der optimale Weg in der Regel darin besteht, von außen einzusteigen, den Scheitelpunkt zu treffen und weit auszusteigen. Ziel ist es, den Lenkwinkel zu minimieren und die Geschwindigkeit zu maximieren.

Konzentrieren Sie sich auf Kurventechniken: Konzentrieren Sie sich bei jeder Runde auf Ihre Annäherung, das Kurvenmanagement und die Ausstiegsstrategien. Probiere verschiedene

Ansätze aus, um in jeder Kurve die schnellste und stabilste Linie zu finden. Nutze Techniken wie Trail-Bremsen und Gaskontrolle, um das Auto effektiv durch die Kurven zu balancieren.

Bremsübungen

Fortschrittliche Bremsübungen, wie z. B. Hochgeschwindigkeitsbremsen und Nachbremsen in Kurven, sind entscheidend, um Ihre Fähigkeit zu verbessern, schnell und sicher zu verzögern und gleichzeitig die Kontrolle über das Fahrzeug zu behalten.

Hochgeschwindigkeitsbremsen: Richten Sie einen langen, geraden Straßen- oder Streckenabschnitt ein, auf dem Sie sicher auf hohe Geschwindigkeiten beschleunigen können, bevor Sie die Bremsen betätigen. Üben Sie, die Bremsen fest zu betätigen, um so schnell wie möglich anzuhalten, ohne ins Schleudern zu geraten. Achten Sie darauf, wie sich das Fahrzeug verhält, und passen Sie Ihre Bremskraft entsprechend an, um das Fahrzeug stabil zu halten.

Trail-Bremsen: Bei dieser Technik wird am Kurveneingang weiter gebremst und die Bremse allmählich gelöst, wenn Sie sich dem Scheitelpunkt nähern. Beginnen Sie mit dem Üben bei niedrigeren Geschwindigkeiten und konzentrieren Sie sich auf das Gefühl des Autos, während Sie langsam die Bremsen lösen und in die Kurve einbiegen. Wenn Ihr Selbstvertrauen wächst, erhöhen Sie Ihre Geschwindigkeit und verfeinern Sie Ihre Bremslösung, um einen ausgewogenen und schnellen Kurveneingang zu gewährleisten.

Schlussfolgerung

Die Beherrschung dieser fortgeschrittenen Fahrtechniken durch Praktiken wie Slalom bei höheren Geschwindigkeiten, gezeitete Runden und Bremsübungen kann Ihre Fahrkünste erheblich verbessern. Jede Übung baut auf den

Grundprinzipien der Fahrdynamik und der Fahrerbeherrschung auf und ermöglicht es Ihnen, ein tieferes Verständnis und eine größere Kompetenz im Umgang mit Ihrem Fahrzeug sowohl im Alltag als auch in Hochleistungsszenarien zu entwickeln. Regelmäßiges Üben in kontrollierten Umgebungen sorgt für Sicherheit und schafft Vertrauen, wodurch Sie auf anspruchsvollere Fahrbedingungen und -situationen vorbereitet werden.

Beim Performance-Fahren geht es um mehr als nur Geschwindigkeit; es geht um Präzision, Kontrolle und Effizienz. Durch die Beherrschung dieser Techniken können Sie Ihre Fahrfähigkeiten erheblich verbessern und den Nervenkitzel des Fahrens auf höherem Niveau genießen, während Sie gleichzeitig Sicherheit und Kontrolle behalten. Wenn Sie sich mit diesen Fähigkeiten vertraut machen, werden Sie feststellen, dass viele der Prinzipien des Leistungsfahrens auch für das tägliche Fahren gelten und Ihre allgemeinen

Fahrfähigkeiten verbessern.

Kapitel 4: Defensives Fahren

Defensives Fahren umfasst Strategien und Techniken, die es Fahrern ermöglichen, Gefahren effektiv anzugehen, riskante Situationen zu antizipieren und fundierte Entscheidungen zu treffen, um Unfälle zu vermeiden. In diesem Kapitel werden die wichtigsten Aspekte des defensiven Fahrens untersucht, um die Sicherheit im Straßenverkehr zu erhöhen.

Unfälle antizipieren und vermeiden

Das Kernprinzip des defensiven Fahrens ist die Fähigkeit, potenzielle Gefahren vorherzusehen und das Fahren entsprechend anzupassen, um Unfälle zu vermeiden.

Gefahrenerkennung

Die Gefahrenerkennung ist eine wichtige Fähigkeit, bei der potenzielle Gefahren auf der Straße früh genug erkannt werden, um vorbeugende Maßnahmen zu ergreifen. Eine effektive Gefahrenerkennung hilft Fahrern, unerwartete Situationen zu vermeiden, die zu Unfällen führen könnten.

Arten von Gefahren: Häufige Gefahren sind aggressive Fahrer, Änderungen der Straßenbedingungen wie Eis oder Geröll und unvorhersehbare Fußgängerbewegungen. Andere Beispiele sind plötzlich anhaltende Fahrzeuge, Tiere auf der Straße und verdeckte Verkehrsschilder aufgrund von überwuchertem Laub oder schlechter Beleuchtung.

Techniken zur Identifizierung von Gefahren:

- **Visuelles Scannen**: Scannen Sie ständig die

Straßenumgebung, nicht nur das vorausfahrende Fahrzeug, sondern auch die Seiten und das Heck in Ihren Spiegeln. Schauen Sie weit voraus, um Probleme zu antizipieren, bevor Sie sie erreichen.

- **Situationsbewusstsein**: Seien Sie sich des Gesamtkontexts bewusst, z. B. Tageszeit (Hauptverkehrszeit, Schulschluss), Wetterbedingungen und Ereignisse, die das Fahrverhalten beeinflussen könnten, wie z. B. lokale Sportspiele oder Konzerte.
- **Prädiktive Analyse**: Prognostizieren Sie auf der Grundlage dessen, was Sie sehen, mögliche Ergebnisse. Wenn zum Beispiel ein Ball auf die Straße rollt, kann ein Kind folgen. Wenn Sie Bremslichter vor sich sehen, rechnen Sie damit, dass sich der Verkehr schnell verlangsamt.

Risikobewertung

Sobald eine potenzielle Gefahr erkannt wurde, umfasst die Bewertung des Risikos die Bewertung der Wahrscheinlichkeit und der potenziellen Auswirkungen der Gefahr, um fundierte, schnelle Entscheidungen darüber zu treffen, wie sicher reagiert werden kann.

Bewertung der Wahrscheinlichkeit: Überlegen Sie, wie wahrscheinlich es ist, dass die potenzielle Gefahr zu einem Unfall führt. Wenn Sie beispielsweise sehen, dass ein Fahrer vor Ihnen ausweicht, ist das Risiko, dass er die Kontrolle verliert, höher.

Bewertung der Auswirkungen: Bestimmen Sie die potenzielle Schwere eines Unfalls, wenn die Gefahr zu einer echten Bedrohung wird. Beispielsweise stellt ein langsam einfädelndes Fahrzeug möglicherweise keine so große Bedrohung dar wie ein Fahrzeug, das bei Nässe zu schnell fährt.

Entscheidungsfindung: Kombinieren Sie diese Bewertungen, um über die Dringlichkeit und Art der erforderlichen Maßnahmen zu entscheiden. Wenn das Risiko hoch und der Aufprall schwerwiegend ist, können sofortige und entschlossene Maßnahmen erforderlich sein, wie z. B. scharfes Bremsen oder Spurwechsel.

Proaktive Anpassungen

Proaktive Anpassungen sind die strategischen Änderungen, die ein Fahrer auf der Grundlage der identifizierten und bewerteten Risiken an seiner Fahrweise vornimmt. Diese Anpassungen sollen die Sicherheitsmarge erhöhen, indem Geschwindigkeit, Position oder Folgeabstand geändert werden.

Geschwindigkeit anpassen: Wenn Sie eine Gefahr wie vereiste Straßen oder starke Staus erkennen, haben Sie durch Reduzieren Ihrer Geschwindigkeit mehr Zeit, um auf plötzliche

Änderungen zu reagieren. Umgekehrt kann in einigen Fällen eine leichte Erhöhung der Geschwindigkeit erforderlich sein, um eine gefährliche Situation sicher zu überholen.

Position ändern: Ändern Sie Ihre Position in Ihrer Spur oder wechseln Sie die Spur vollständig, um Gefahren wie Schlaglöcher, Trümmer oder instabile Fahrzeuge zu vermeiden. Die Positionierung abseits der Seiten großer Lkw kann auch verhindern, dass sie sich in ihren toten Winkeln befinden.

Folgeabstand verwalten: Erhöhen Sie Ihren Folgeabstand, wenn Sie hinter großen Fahrzeugen fahren, die Ihre Sicht nach vorne blockieren, oder bei rutschigen Bedingungen, wenn der Bremsweg länger ist. Wenn Sie unter allen Bedingungen einen sicheren Folgeabstand einhalten, haben Sie mehr Zeit, um auf plötzliche Stopps oder Änderungen des Fahrzeugs vor Ihnen zu reagieren.

Durch die Beherrschung dieser drei kritischen Komponenten – Gefahrenerkennung, Risikobewertung und proaktive Anpassungen – verbessern Fahrer ihre Fähigkeit, unerwartete Situationen auf der Straße sicher zu bewältigen. Dieser proaktive Fahransatz verbessert nicht nur Ihre eigene Sicherheit, sondern trägt auch zur Sicherheit aller Verkehrsteilnehmer um Sie herum bei.

Sicheres Fahren unter widrigen Bedingungen

Das Fahren bei widrigen Wetterbedingungen erfordert Fachwissen und Anpassungen, um die Kontrolle zu behalten und die Sicherheit zu gewährleisten. Jede Art von widrigen Bedingungen – Regen, Nebel, Schnee, Eis und Nacht – stellt einzigartige Herausforderungen dar und erfordert spezifische Strategien, um sicher damit umzugehen.

Wetter-Herausforderungen

Regen: Das Fahren im Regen erfordert reduzierte Geschwindigkeiten, um rutschige Oberflächen und schlechte Sicht zu bekämpfen. Verwenden Sie Ihre Scheibenwischer und Entfroster, um die Sicht zu verbessern. Erhöhen Sie Ihren Folgeabstand, da die nassen Fahrbahnbeläge den Bremsweg verdoppeln können. Vermeiden Sie Bereiche, in denen sich Wasser auf der Straße ansammelt, allgemein bekannt als stehendes Wasser, um Aquaplaning zu vermeiden.

Nebel: Verwenden Sie bei Nebel Abblendlicht oder Nebelscheinwerfer, um die Sicht zu verbessern, ohne zu blenden. Reduziere deine Geschwindigkeit und konzentriere dich auf die rechten Markierungen der Straße als Orientierungshilfe und nicht auf die Lichter des Fahrzeugs vor dir, die verwirrend sein können. Vergrößern Sie die Folgeabstände erheblich, um die eingeschränkte Sicht auszugleichen.

Schnee und Eis: Verwenden Sie beim Fahren bei Schnee oder Eis reifen, die für winterliche Bedingungen geeignet sind – je nach Schweregrad entweder Winterreifen oder Ketten. Fahren Sie langsam und betätigen Sie sanft die Bremsen, das Gaspedal und die Lenkung, um ein Schleudern zu vermeiden. Wenn Ihr Fahrzeug ins Schleudern gerät, lenken Sie vorsichtig in Richtung des Schleuderns, um die Kontrolle wiederzuerlangen. Bewahren Sie ein Winter-Notfallset in Ihrem Fahrzeug auf, einschließlich Schaufel, Eiskratzer und Sand oder Katzenstreu für Traktion, wenn Sie feststecken.

Nachtfahrten

Verbesserung der Sicht: Stellen Sie nachts sicher, dass Ihre Scheinwerfer sauber und richtig eingestellt sind, um die Straße effektiv auszuleuchten, ohne den Gegenverkehr zu blenden. Verwenden Sie gegebenenfalls Fernlicht, aber schalten Sie auf Abblendlicht um, wenn Sie einem anderen Fahrzeug gegenüberstehen oder ihm folgen.

Blendung reduzieren: Um die Blendung durch entgegenkommende Scheinwerfer zu minimieren, vermeiden Sie es, direkt in die Lichter herannahender Fahrzeuge zu schauen. Konzentriere dich stattdessen auf die rechte Seite deiner Spur. Stellen Sie Ihren Rückspiegel auf die Nachteinstellung ein, um die Blendung durch die Scheinwerfer hinter Ihnen zu reduzieren.

Geschwindigkeit und Folgeabstände: Reduziere deine Fahrgeschwindigkeit bei Nacht, um die eingeschränkte Sicht und die erhöhte Schwierigkeit bei der Beurteilung von Entfernungen und Geschwindigkeiten anderer Fahrzeuge auszugleichen. Erhöhen Sie Ihre Folgeabstände, um mehr Zeit zu haben, auf unerwartete Ereignisse zu reagieren, z. B. Tiere, die die Straße überqueren, oder plötzliche Stopps durch andere Fahrer.

Durch die Einhaltung dieser speziellen Techniken und die notwendigen Anpassungen können Fahrer ihre Sicherheit bei der Navigation unter widrigen Fahrbedingungen erheblich verbessern. Diese Praktiken helfen nicht nur, die Kontrolle über das Fahrzeug zu behalten, sondern tragen auch zur allgemeinen Sicherheit aller Verkehrsteilnehmer bei schwierigen Wetter- oder Lichtverhältnissen bei.

Umgang mit Straßenbelagsschwankungen

Der effektive Umgang mit Schwankungen der Straßenoberflächen ist entscheidend für die Aufrechterhaltung der Fahrzeugkontrolle und die Gewährleistung der Sicherheit. Hier sind Strategien für den Umgang mit häufigen Herausforderungen auf der Straßenoberfläche:

Schlaglöcher: Wenn Sie auf Schlaglöcher stoßen, ist die beste Strategie, diese nach Möglichkeit zu vermeiden, ohne plötzlich auszuweichen oder Ihre

Spur zu verlassen. Wenn es unvermeidlich ist, reduzieren Sie Ihre Geschwindigkeit, bevor Sie auf ein Schlagloch treffen, um Schäden zu minimieren und die Kontrolle zu behalten. Halten Sie das Lenkrad fest im Griff, da Schlaglöcher plötzliche Stöße verursachen können.

Schotter: Das Fahren auf Schotterstraßen erfordert reduzierte Geschwindigkeiten und einen schonenden Umgang mit dem Lenkrad. Schotter kann die Traktion verringern und das Fahrzeug vor allem in Kurven anfälliger für Schleudern machen. Vergrößern Sie Ihren Folgeabstand, da Kies unter den Reifen vorausfahrender Fahrzeuge hervorspritzen kann, wodurch Ihre Windschutzscheibe beschädigt oder die Sicht beeinträchtigt werden kann.

Unebene Oberflächen: Unebene Straßenoberflächen wie Unebenheiten oder Senken können das Gleichgewicht des Fahrzeugs stören. Nähern Sie sich diesen mit reduzierter

Geschwindigkeit und vermeiden Sie starkes Bremsen oder scharfe Lenkbewegungen. Seien Sie bei Nässe besonders vorsichtig auf unebenen Oberflächen, da sich Wasser in unebenen Bereichen ansammeln kann, was das Risiko von Aquaplaning erhöht.

Gesamtstrategie: Halten Sie Ihre Reifen immer richtig aufgepumpt und in gutem Zustand, da sie die erste Verteidigungslinie gegen Straßenunebenheiten sind. Achten Sie auf Veränderungen in der Straßenbeschaffenheit und -farbe, die oft auf potenzielle Gefahren hinweisen.

Umgang mit aggressiven Fahrern und Wut auf der Straße

Interaktionen mit aggressiven Fahrern können nervenaufreibend und gefährlich sein. Das Erkennen und angemessene Reagieren auf aggressives Fahrverhalten kann dazu beitragen, die Sicherheit zu gewährleisten.

Aggression erkennen:

- **Auffahren**: Aggressive Fahrer können zu dicht folgen, was sowohl einschüchternd als auch gefährlich ist. Wenn dich jemand verfolgt, reagiere nicht aggressiv. Versuchen Sie stattdessen, sich sicher zu bewegen und sie passieren zu lassen.
- **Unregelmäßige Spurwechsel**: Aggressive Fahrer wechseln oft abrupt und ohne ordnungsgemäße Signalisierung die Spur. Halten Sie einen Sicherheitsabstand ein und seien Sie auf unerwartete Bewegungen vorbereitet.
- **Übermäßige Geschwindigkeitsüberschreitung**: Fahrer, die zu schnell fahren, stellen ein Risiko für alle Verkehrsteilnehmer dar. Halten Sie einen Sicherheitsabstand ein und versuchen Sie nicht, ihre Geschwindigkeit anzupassen.

Umgang mit Begegnungen:

- **Bleiben Sie ruhig**: Lassen Sie sich nicht auf aggressive Fahrer ein. Vermeiden Sie Augenkontakt, Gesten oder Antworten, da dies die Situation eskalieren kann.
- **Abstand erhöhen**: Schaffen Sie Platz zwischen Ihnen und dem aggressiven Fahrer, um das Unfallrisiko zu verringern. Dies kann bedeuten, dass Sie langsamer fahren oder die Spur wechseln müssen, wenn dies sicher ist.
- **Melden Sie bei Bedarf**: Wenn ein aggressiver Fahrer eine erhebliche Gefahr für andere darstellt, sollten Sie ihn den Behörden melden. Geben Sie eine Beschreibung des Fahrzeugs und des Verhaltens an, wobei die Sicherheit an erster Stelle steht.

Indem Sie das Bewusstsein für die Straßenbedingungen behalten und verstehen, wie Sie mit Begegnungen mit aggressiven Fahrern umgehen müssen, können Sie Ihre Sicherheit und die Sicherheit anderer Verkehrsteilnehmer erheblich verbessern. Bei diesen Strategien geht es nicht nur darum, auf unmittelbare Bedrohungen zu reagieren, sondern auch darum, proaktiv eine sicherere Fahrumgebung für alle zu schaffen.

Vermeidungstechniken

Der effektive Umgang mit aggressiven Fahrern beinhaltet die Umsetzung von Strategien, die das Risiko einer Konfrontation minimieren und Ihre Sicherheit auf der Straße gewährleisten. Hier sind einige Vermeidungstechniken:

Spur- oder Routenwechsel: Wenn Sie einen aggressiven Fahrer hinter oder in Ihrer Nähe bemerken, ist es oft am sichersten, ihn passieren zu lassen. Sie können dies tun, indem Sie die Spur wechseln, wenn es sicher ist. Wenn das Verhalten eskaliert oder anhält, sollten Sie Ihre Route ändern. Wenn Sie beispielsweise die nächste Abbiegung nehmen oder die Autobahn verlassen, können Sie sich von dem aggressiven Fahrer distanzieren und die Situation möglicherweise deeskalieren.

Ruhe bewahren: Im Umgang mit aggressiven Fahrern ist es entscheidend, die Ruhe zu bewahren. Konzentrieren Sie sich auf Ihr Fahren, halten Sie Ihre Atmung ruhig und vermeiden Sie impulsive Entscheidungen, die die Situation verschlimmern könnten. Denken Sie daran, dass Ihr Hauptziel die Sicherheit ist, nicht ein Punkt zu beweisen oder eine Konfrontation zu gewinnen.

Vermeiden Sie Augenkontakt und Gesten: Treten Sie nicht durch Blickkontakt oder Gesten auf den aggressiven Fahrer ein, da diese als konfrontativ oder provokativ fehlinterpretiert werden können. Das Ignorieren von Provokationen hilft, eine weitere Eskalation der Situation zu verhindern.

Verwenden Sie die Funktionen Ihres Fahrzeugs: Nutzen Sie die Spiegel Ihres Fahrzeugs, um den aggressiven Fahrer im Auge zu behalten, ohne sich umzudrehen, und passen Sie Ihre Sitzposition bei Bedarf an, um den Fokus auf die Straße vor Ihnen zu behalten.

Legale und sichere Berichterstattung

Die Meldung aggressiver Fahrer kann manchmal erforderlich sein, um potenzielle Unfälle zu vermeiden und die Verkehrssicherheit zu gewährleisten. So gehen Sie verantwortungsbewusst vor:

Wann zu melden: Erwägen Sie eine Meldung, wenn das aggressive Fahrverhalten eine eindeutige Gefahr für die Sicherheit anderer Verkehrsteilnehmer darstellt. Dazu gehören überhöhte Geschwindigkeiten, gefährliches Durchfahren des Verkehrs oder jede Form von Straßenraserei, die zu einem Unfall führen könnte.

So melden Sie:

- **Verwenden Sie Freisprecheinrichtungen**: Wenn Sie sich entscheiden, einen aggressiven Fahrer während der Fahrt zu melden, verwenden Sie eine Freisprecheinrichtung, um Ihre Hände am Lenkrad zu halten und sich auf die Straße zu konzentrieren.
- **Anzugebende Details**: Seien Sie bereit, spezifische Details zur Situation anzugeben. Geben Sie die Marke, das Modell, die Farbe und das Nummernschild des Fahrzeugs, die beobachteten spezifischen Verhaltensweisen sowie den Ort und die Fahrtrichtung an.
- **Nicht-Notrufnummern**: Verwenden Sie Nicht-Notfall-Kontaktnummern für die örtlichen Strafverfolgungsbehörden, um aggressives Fahren zu melden, das nicht unmittelbar Leben oder Eigentum bedroht. Heben Sie sich die Notrufnummer für Situationen auf, in denen ein unmittelbares

Verletzungsrisiko besteht.

Nach der Berichterstattung:

- **Priorisieren Sie weiterhin die Sicherheit**: Priorisieren Sie nach der Meldung weiterhin Ihre Sicherheit, indem Sie Abstand zum aggressiven Fahrer halten. Versuchen Sie nicht, dem Fahrzeug zu folgen, um weitere Informationen zu erhalten.
- **Zeugenpflichten**: Wenn Sie als Zeuge kontaktiert werden, geben Sie einen sachlichen Bericht über das, was Sie gesehen haben, und halten Sie sich an klare Beobachtungen ohne Spekulationen.

Durch den Einsatz von Vermeidungstechniken und das Verständnis, aggressives Fahren sicher zu melden, tragen Sie nicht nur zu Ihrer Sicherheit, sondern auch zur Sicherheit aller Verkehrsteilnehmer bei. Diese Maßnahmen tragen dazu bei, die Ordnung aufrechtzuerhalten und mögliche Unfälle durch risikoreiches Fahrverhalten zu vermeiden.

Praktische Übungen

Diese Übungen dienen der Stärkung defensiver Fahrtechniken und können unter verschiedenen Bedingungen auf der Straße geübt werden.

Bohrer in kontrollierter Umgebung

Das Üben in einer kontrollierten Umgebung ermöglicht es den Fahrern, ihre Fähigkeiten und Reaktionen auf Notsituationen zu verbessern, ohne die Risiken, die mit dem realen Fahren verbunden sind. So nutzen Sie Übungen in kontrollierter Umgebung effektiv:

Einrichten von Szenarien: Wählen Sie einen sicheren, kontrollierten Bereich, z. B. einen geschlossenen Parkplatz oder einen Fahrkurs, der für Schulungen konzipiert ist. Richten Sie Szenarien ein, die Ihnen im wirklichen Leben begegnen könnten, z. B. Notbremsungen, Ausweichmanöver oder Schleuderkontrolle. Verwenden Sie Hütchen, Markierungen oder andere sichere Hindernisse, um die Bedingungen zu simulieren, unter denen Sie diese Manöver ausführen müssten.

Notbremsung: Üben Sie, die Bremsen kräftig und dennoch sanft zu betätigen, um das Fahrzeug so schnell und sicher wie möglich anzuhalten. Experimentieren Sie mit verschiedenen Geschwindigkeiten und beobachten Sie, wie Ihr Fahrzeug reagiert, insbesondere wenn es mit einem Antiblockiersystem (ABS) ausgestattet ist.

Ausweichlenkung: Richten Sie ein Szenario ein, in dem Sie unerwartet um ein Hindernis herumsteuern müssen. Konzentrieren Sie sich darauf, die Kontrolle über das Fahrzeug zu behalten, während Sie scharf manövrieren, und üben Sie, nach dem Manöver wieder Stabilität zu erlangen.

Kontrolle in Skids behalten: Üben Sie den Umgang mit Skids in einer sicheren Umgebung. Erfahren Sie, wie Sie in den Schlitten lenken, um die Kontrolle wiederzuerlangen, und verstehen Sie den Unterschied zwischen Vorderrad- und Hinterradkufen. Diese Übung ist besonders nützlich, um zu lernen, wie Sie instinktiv und richtig reagieren, wenn Ihr Auto die Traktion verliert.

Simulierte Fahrbedingungen

Fahrsimulatoren und kontrollierte Setups bieten eine risikofreie Umgebung, um Reaktionen auf verschiedene Fahrherausforderungen zu üben, einschließlich aggressiver Fahrer und widriger Wetterbedingungen:

Verwendung von Fahrsimulatoren: Beschäftigen Sie sich mit Fahrsimulatoren, die eine Vielzahl von Fahrbedingungen und -szenarien nachahmen können. Simulatoren können Interaktionen mit aggressiven Fahrern nachbilden, sodass Sie

Deeskalationstechniken und sichere Fluchtwege ohne reale Konsequenzen üben können.

Üben bei schlechter Sicht und schlechtem Wetter: Simulatoren können auch verwendet werden, um das Fahren bei Nebel, starkem Regen, Schnee oder Eis zu erleben. Üben Sie, Ihren Fahrstil an diese Bedingungen anzupassen, und konzentrieren Sie sich auf Techniken wie die Reduzierung der Geschwindigkeit, die Verwendung geeigneter Lichter und die Erhöhung der Folgeabstände.

Reagieren auf aggressive Fahrer: Lernen Sie, aggressives Fahrverhalten in einem Simulator zu erkennen und ruhig darauf zu reagieren. Üben Sie Techniken wie das Vermeiden von Konfrontationen, das sichere Wechseln der Spur und den angemessenen Einsatz von Kommunikationsmitteln wie Hupen oder Lichtern, um Not zu signalisieren.

Gruppenfahrten

Die Teilnahme an Gruppenfahrkursen bietet die Möglichkeit, in einer dynamischen, interaktiven Umgebung zu lernen, in der reale Fahrszenarien simuliert, diskutiert und geübt werden können:

Von Gleichaltrigen lernen: In Gruppensitzungen können Sie beobachten, wie andere Fahrer mit denselben Szenarien umgehen, und erhalten so eine breitere Perspektive auf verschiedene Fahrstile und -techniken. Dies kann von unschätzbarem Wert sein, um alternative Ansätze für häufige Fahrherausforderungen zu verstehen.

Szenariobasiertes Lernen: Instruktoren können spezifische Szenarien einrichten, die aggressive Fahrer oder widrige Fahrbedingungen beinhalten. Dazu können Rollenspiele gehören, bei denen ein Fahrer aggressiv agiert und andere angemessen reagieren müssen.

Diskussion und Feedback: Gruppeneinstellungen beinhalten oft Diskussionen über die Erfahrungen, die Feedback von Dozenten und Kollegen ermöglichen. Dieses Feedback kann Ihnen helfen, Ihre Techniken zu verfeinern und Ihre allgemeine Fahrstrategie zu verbessern.

Durch die Nutzung dieser kontrollierten Umgebungen und Gruppenlernmöglichkeiten können Fahrer ihre Fähigkeit, eine Vielzahl anspruchsvoller Fahrsituationen sicher und effektiv zu bewältigen, erheblich verbessern. Diese Praktiken bauen Selbstvertrauen und Fähigkeiten auf und bereiten die Fahrer auf die Unvorhersehbarkeit des realen Fahrens vor.

Schlussfolgerung

Defensives Fahren ist nicht nur eine Reihe von Fähigkeiten – es ist eine Denkweise, die Vorsicht, Vorbereitung und die Antizipation potenzieller

Probleme betont. Durch einen defensiven Fahransatz können Sie die Wahrscheinlichkeit von Unfällen erheblich verringern und ein sichereres Fahrerlebnis für sich und andere auf der Straße gewährleisten. Denken Sie daran, dass defensives Fahren ein kontinuierlicher Lernprozess ist, der kontinuierliche Aufmerksamkeit und Anpassung basierend auf den Fahrbedingungen und -erfahrungen erfordert.

Kapitel 5: Fahren unter verschiedenen Bedingungen

Effektives Fahren unter verschiedenen Umgebungsbedingungen erfordert robuste Fähigkeiten, die auf jedes spezifische Szenario zugeschnitten sind. Dieses Kapitel behandelt grundlegende Techniken für die Navigation in verschiedenen Fahrumgebungen, um Sicherheit und Bereitschaft für alle Straßenbedingungen zu gewährleisten.

Techniken für nasse, eisige und verschneite Bedingungen

Das Fahren auf nassen, vereisten oder verschneiten Straßen stellt einzigartige Herausforderungen dar, die ein sorgfältiges Handling und ein Verständnis dafür erfordern, wie sich diese Bedingungen auf die Fahrzeugdynamik auswirken.

Fahren im Regen

Das Fahren im Regen bringt mehrere Herausforderungen mit sich, vor allem aufgrund der eingeschränkten Sicht und der reduzierten Traktion. Hier sind detaillierte Techniken für das sichere Navigieren auf nassen Straßen:

Vermeiden Sie plötzliche Manöver: Schnelle Geschwindigkeits- oder Richtungsänderungen führen eher zum Schleudern auf nasser Fahrbahn. Sorgen Sie für reibungslose und kontrollierte Lenk-, Brems- und Beschleunigungsvorgänge. Planen Sie Bewegungen im Voraus und führen Sie sie schrittweise aus.

Vergrößern der folgenden Abstände: Nasse Straßen erhöhen die Entfernung, die zum sicheren Anhalten Ihres Fahrzeugs erforderlich ist. Durch die Verdoppelung oder sogar Verdreifachung des üblichen Folgeabstands zum vorausfahrenden Fahrzeug haben Sie mehr Reaktionszeit und mehr

Platz, um sicher und ohne Schleudern anzuhalten.

Aquaplaning verstehen: Aquaplaning tritt auf, wenn sich zwischen den Rädern des Fahrzeugs und der Straßenoberfläche eine Wasserschicht bildet, die zu einem Traktionsverlust führt, der das Fahrzeug daran hindert, auf Steuereingaben zu reagieren. Es tritt am ehesten bei höheren Geschwindigkeiten oder bei starkem Regen auf. Um das Risiko zu verringern, reduzieren Sie Ihre Geschwindigkeit bei starkem Regen und vermeiden Sie Pfützen. Wenn Sie mit dem Aquaplaning beginnen, lassen Sie das Gaspedal los und lenken Sie geradeaus oder leicht in die Richtung, in die Sie fahren müssen. Bremsen Sie nicht plötzlich und wenden Sie nicht scharf, da dies zu einem Schleudern führen kann.

Richtige Reifenwartung: Stellen Sie sicher, dass Ihre Reifen in gutem Zustand sind, mit ausreichender Profiltiefe und richtigem Reifendruck, da sie für die Aufrechterhaltung der

Traktion bei Nässe entscheidend sind. Reifen mit abgenutzten Laufflächen verteilen Wasser deutlich weniger effektiv und sind anfälliger für Aquaplaning.

Navigieren durch Eis und Schnee

Das Fahren auf Eis und Schnee erfordert eine sorgfältige Handhabung und geeignete Ausrüstung, um die Kontrolle zu behalten und ein Schleudern oder Rutschen zu vermeiden:

Geeignete Reifentypen: Statten Sie Ihr Fahrzeug mit Winterreifen aus, die für bessere Traktion, Bremsen und Handling bei Schnee, Matsch und Eis ausgelegt sind. Winterreifen bestehen aus einer weicheren Gummimischung, die bei kaltem Wetter flexibel bleibt und den Grip verbessert.

Sanftes Bremsen: Ziehen Sie die Bremsen vorsichtig an, um ein Blockieren der Räder und ein Schleudern zu vermeiden. Wenn Ihr Fahrzeug mit einem Antiblockiersystem (ABS) ausgestattet ist, ist es angebracht, das Bremspedal fest zu betätigen, wenn Sie im Notfall anhalten müssen, da das System automatisch die Bremsen pumpt, um ein Blockieren der Räder zu verhindern. Wenn Sie kein ABS haben, verwenden Sie die Schwellenbremse oder pumpen Sie die Bremsen sanft, um die Kontrolle zu behalten.

Vorsichtiges Lenken: Verwenden Sie sanfte und langsame Lenkmanöver. Scharfe, schnelle Kurven können dazu führen, dass das Fahrzeug ins Schleudern gerät. Verlangsamen Sie beim Abbiegen, bevor Sie in die Kurve einfahren, und beschleunigen Sie nach der Hälfte der Kurve sanft, um die Traktion aufrechtzuerhalten.

Reduzierung der Geschwindigkeit: Insgesamt ist die Reduzierung der Geschwindigkeit bei Eis oder Schnee von entscheidender Bedeutung. Höhere Geschwindigkeiten erschweren die Steuerung des Fahrzeugs und erhöhen den Abstand zum Anhalten.

Schleuderkontrolltechniken: Wenn Sie ins Schleudern geraten, denken Sie daran, in die Richtung zu lenken, in die die Vorderseite des Fahrzeugs fahren soll, was dazu beitragen kann, die Kontrolle wiederzuerlangen. Vermeiden Sie es, auf die Bremse zu treten, da dies das Schleudern verschlimmern kann.

Durch die Anwendung dieser Techniken für das Fahren bei Regen und das Navigieren durch Eis und Schnee können Fahrer ihre Sicherheit bei widrigen Wetterbedingungen erheblich verbessern. Diese Strategien helfen nicht nur, die Kontrolle zu behalten, sondern verringern auch das Unfallrisiko auf rutschigen Straßenoberflächen.

Fahrzeugvorbereitung

Die richtige Fahrzeugvorbereitung ist entscheidend für sicheres Fahren, insbesondere bei unterschiedlichen und potenziell rauen

Fahrbedingungen. Die Durchführung wichtiger Kontrollen vor der Fahrt und die korrekte Einstellung Ihres Fahrzeugs können sowohl die Sicherheit als auch die Fahrzeugleistung erheblich verbessern. Hier ist ein detaillierter Blick auf die wichtigsten Bereiche, auf die Sie sich konzentrieren sollten:

Reifendruck und -zustand: Überprüfen Sie Ihre Reifen regelmäßig, um sicherzustellen, dass sie gemäß den Herstellerspezifikationen aufgepumpt sind. Der richtige Reifendruck ist entscheidend für optimale Traktion, Kraftstoffeffizienz und Reifenlebensdauer. Überprüfen Sie außerdem die Reifen auf Verschleiß. Achten Sie auf Anzeichen von ungleichmäßigem Verschleiß, Rissen oder kahlen Stellen, da diese das Fahrverhalten und die Sicherheit des Fahrzeugs erheblich beeinträchtigen können. Ersetzen Sie die Reifen, wenn die Profiltiefe unter dem gesetzlichen Grenzwert liegt oder wenn es Anzeichen für erhebliche Schäden gibt.

Frostschutzmittel: Frostschutzmittel (Kühlmittel) ist für die Regulierung der Motortemperatur Ihres Fahrzeugs unerlässlich. Überprüfen Sie regelmäßig den Kühlmittelstand, insbesondere vor langen Reisen oder bei extremen Wetterbedingungen. Stellen Sie sicher, dass das Kühlmittel bis zur angegebenen Markierung auf dem Behälter gefüllt ist und dass es gemäß dem vom Fahrzeughersteller empfohlenen Zeitplan ausgetauscht wird. Dadurch wird verhindert, dass der Motor im Sommer überhitzt und im Winter einfriert.

Scheibenwischer und Entfroster: Sicht ist für sicheres Fahren von größter Bedeutung. Überprüfen Sie, ob Ihre Scheibenwischer in gutem Zustand sind, und ersetzen Sie sie, wenn sie abgenutzt oder beschädigt sind. Wischerblätter sollten die Windschutzscheibe effektiv reinigen, ohne Streifen oder Lücken zu hinterlassen. Stellen Sie sicher, dass Ihr Entfroster ordnungsgemäß funktioniert, da er für die Aufrechterhaltung der

Sicht bei kalten oder feuchten Bedingungen entscheidend ist, indem er das Beschlagen der Windschutzscheibe und anderer Fenster verhindert.

Lichter und Blinker: Überprüfen Sie alle Lichter Ihres Fahrzeugs – Scheinwerfer, Bremslichter, Blinker und Warnblinker –, um sicherzustellen, dass sie ordnungsgemäß funktionieren. Richtig funktionierende Lichter sind für die Sichtbarkeit bei Nacht und für die Kommunikation mit anderen Verkehrsteilnehmern bei jedem Wetter unerlässlich.

Bremsen: Stellen Sie sicher, dass Ihre Bremsen reaktionsschnell und in gutem Zustand sind. Achten Sie auf ungewöhnliche Geräusche wie Schleifen oder Quietschen und spüren Sie nach Veränderungen im Ansprechverhalten der Bremse. Lassen Sie Ihre Bremsen regelmäßig von einem Fachmann überprüfen, insbesondere wenn Sie Leistungsprobleme feststellen, da Bremsen für ein sicheres Anhalten entscheidend sind.

Notfallset: Bewahren Sie immer ein Notfallset in Ihrem Fahrzeug auf, insbesondere bei langen Fahrten oder Fahrten bei widrigen Wetterbedingungen. Dieses Set sollte Gegenstände wie einen Erste-Hilfe-Kasten, eine Taschenlampe, Decken, zusätzliches Essen und Wasser, ein tragbares Ladegerät, grundlegende Werkzeuge und Straßenfackeln oder reflektierende Dreiecke enthalten.

Durch die Durchführung dieser wichtigen Kontrollen vor der Fahrt und die Sicherstellung, dass Ihr Fahrzeug ordnungsgemäß eingestellt ist, können Sie das Risiko von Pannen und Unfällen erheblich reduzieren. Eine regelmäßige Fahrzeugwartung verlängert nicht nur die Lebensdauer Ihres Autos, sondern sorgt auch dafür, dass es sicher und zuverlässig bleibt, egal wohin Ihre Reise Sie führt.

Nachtfahrten und Situationen mit schlechter Sicht

Das Fahren bei Nacht oder bei schlechten Sichtverhältnissen wie Nebel, starkem Regen oder Schnee erfordert aufgrund der eingeschränkten Sicht besondere Aufmerksamkeit für die Sicherheit. Hier sind Strategien, um diese Herausforderungen effektiv zu bewältigen:

Verbesserung der Sichtbarkeit

Richtige Scheinwerfereinstellungen: Die richtige Verwendung der Scheinwerfer ist entscheidend, um die Sicht zu verbessern und sicherzustellen, dass Sie von anderen Fahrern gesehen werden, ohne zu blenden. Verwenden Sie bei Nebel oder Schnee Abblendlicht, um zu verhindern, dass Licht von Feuchtigkeit oder Schnee reflektiert wird und Blendung verursacht, was die Sicht weiter beeinträchtigen kann. Schalten Sie in ländlichen oder schlecht beleuchteten Gebieten auf Fernlicht um, um die Straße besser auszuleuchten, aber denken Sie daran, wieder auf Abblendlicht umzuschalten, wenn Sie sich anderen Fahrzeugen nähern oder ihnen folgen, um sie nicht zu blenden.

Scheinwerfer einstellen: Stellen Sie sicher, dass Ihre Scheinwerfer richtig ausgerichtet sind. Falsch ausgerichtete Scheinwerfer können Ihre Sicht beeinträchtigen und andere Fahrer blenden. Regelmäßige Kontrollen sind besonders wichtig, wenn Sie häufig schwere Lasten tragen, die Ihr Auto kippen und den Winkel des Strahls verändern könnten.

Reinigen Sie die Lichter regelmäßig: Schmutz und Ablagerungen auf Ihren Scheinwerfern können deren Wirksamkeit erheblich beeinträchtigen. Reinigen Sie Ihre Scheinwerfer regelmäßig, um eine maximale Lichtleistung zu gewährleisten. Reinigen Sie außerdem die Fenster, Spiegel und Rücklichter Ihres Fahrzeugs, um die Sicht für sich selbst und die Fahrer hinter Ihnen zu verbessern.

Verwendung von Nebelscheinwerfern: Wenn Ihr Fahrzeug mit Nebelscheinwerfern ausgestattet ist, verwenden Sie diese bei Nebel in Verbindung mit Ihrem Abblendlicht. Nebelscheinwerfer sind tiefer über dem Boden und haben einen breiten, nach unten geneigten Strahl, der dazu beiträgt, die Straße besser auszuleuchten, ohne vom Nebel reflektiert zu werden.

Techniken zum Freihalten von Fenstern

Verwendung von Entfrostern: Verwenden Sie die Entfroster Ihres Fahrzeugs, um die Windschutzscheibe und die Heckscheibe frei von Nebel und Kondenswasser zu halten, die die Sicht erheblich beeinträchtigen können. Passen Sie die Einstellungen der Klimaanlage an, um bei Bedarf warme, trockene Luft auf die Windschutzscheibe und andere Fenster zu leiten.

Klimaanlage: Verwenden Sie eine Klimaanlage, um Feuchtigkeit aus dem Innenraum Ihres Autos zu entfernen. Selbst bei kaltem Wetter kann eine Klimaanlage helfen, beschlagene Scheiben schnell zu entfernen.

Scheibenwischerqualität: Stellen Sie sicher, dass Ihre Scheibenwischer in gutem Zustand sind. Ersetzen Sie sie, wenn sie anfangen zu streifen oder das Wasser nicht effektiv zu reinigen. Im Winter sollten Sie Winterwischblätter verwenden, die für Eis und Schnee ausgelegt sind.

Wasserabweisende Behandlungen: Tragen Sie wasserabweisende Behandlungen auf die äußeren Glasoberflächen Ihres Fahrzeugs auf. Diese Behandlungen können dazu beitragen, dass Regen und Schnee leichter abperlen und abperlen, was die Sicht verbessert.

Durch die Umsetzung dieser Strategien können Sie Ihre Sicherheit bei Nachtfahrten oder bei schlechten Sichtverhältnissen erheblich verbessern. Die verbesserte Sicht hilft Ihnen nicht nur, effektiver auf der Straße zu navigieren, sondern erleichtert es auch anderen Fahrern, Sie zu sehen, wodurch das Unfallrisiko verringert wird.

Räumliches Vorstellungsvermögen

Das räumliche Vorstellungsvermögen ist beim Fahren von entscheidender Bedeutung, insbesondere unter Bedingungen mit verkürzten Reaktionszeiten und eingeschränkter Sicht. Die Verbesserung Ihres räumlichen Bewusstseins hilft Ihnen, trotz dieser Herausforderungen sicher zu navigieren.

Fahrstil anpassen: Bei eingeschränkter Sicht oder wenn die Reaktionszeiten beeinträchtigt werden können (z. B. bei starkem Regen oder Nebel), ist es wichtig, Ihren Fahrstil anzupassen. Das bedeutet, dass Sie mit reduzierter Geschwindigkeit fahren, um sicherzustellen, dass Sie genügend Zeit haben, um auf Hindernisse oder Änderungen der Verkehrsbedingungen zu reagieren. Vergrößern Sie außerdem Ihren Abstand zum vorausfahrenden Fahrzeug, um mehr Platz zum sicheren Anhalten zu schaffen.

Verwendung von Straßenmarkierungen: Straßenmarkierungen sind wichtige Navigationshilfen, insbesondere bei schlechten Sichtverhältnissen. Wenn die Sicht eingeschränkt ist und es schwierig ist, die Straße vor sich zu sehen, konzentrieren Sie sich darauf, den Fahrbahnmarkierungen zu folgen, um die Orientierung zu behalten. Dies kann besonders bei Nebel oder starkem Regen hilfreich sein, wo die gemalten Linien auf der Straße möglicherweise besser sichtbar sind als die umgebende Landschaft.

Antizipieren Sie die Handlungen anderer Fahrer: Antizipieren Sie bei eingeschränkter Sicht die Aktionen anderer Fahrer, indem Sie auf

Bremslichter, Blinker und andere Hinweise achten, die Sie über ihre Absichten informieren können. Dieser proaktive Ansatz ermöglicht sicherere Einstellungen beim Fahren.

Umgang mit Blendung

Blendung durch Gegenverkehr oder reflektierende Oberflächen können Ihre Fähigkeit, die Straße klar zu sehen und auf Gefahren zu reagieren, erheblich beeinträchtigen. Der Umgang mit Blendung ist für sicheres Fahren bei Nacht oder bei hellen Bedingungen unerlässlich.

Verwendung von Nachtsichtspiegeln: Die meisten modernen Fahrzeuge sind mit Nachtsichtspiegeln ausgestattet, die auch als automatisch abblendende Rückspiegel bezeichnet werden. Diese Spiegel passen sich automatisch an, um die Blendung durch von hinten reflektierte Scheinwerfer zu reduzieren, was dazu beiträgt, Ihre Nachtsicht zu erhalten und die Belastung der

Augen zu verringern.

Seitenspiegel einstellen: Positionieren Sie Ihre Seitenspiegel so, dass der Winkel, in dem Scheinwerfer anderer Fahrzeuge direkt auf Ihre Augen treffen, minimiert wird. Diese Einstellung kann die Blendung erheblich reduzieren und dazu beitragen, eine klarere Sicht auf die Straße neben und hinter Ihnen zu erhalten.

Tragen einer Blendschutzbrille: Erwägen Sie das Tragen einer Brille mit Antireflexbeschichtung, wenn Sie häufig von Blendung gestört werden. Diese können besonders bei Nachtfahrten hilfreich sein.

Anpassen der Armaturenbrettbeleuchtung: Reduzieren Sie die Helligkeit Ihrer Armaturenbrettbeleuchtung. Helles Licht von Ihrem Armaturenbrett kann Ihre Sicht nach vorne beeinträchtigen und die Sicht außerhalb Ihres Fahrzeugs erschweren. Bei den meisten

Fahrzeugen können Sie die Helligkeit der Armaturenbrettbeleuchtung anpassen, um sich auf die Straße zu konzentrieren und interne Reflexionen auf der Windschutzscheibe zu reduzieren.

Richtige Verwendung der Scheinwerfer: Stellen Sie sicher, dass Ihre Scheinwerfer richtig ausgerichtet und sauber sind. Falsch ausgerichtete oder verschmutzte Scheinwerfer können zur Blendung anderer Fahrer beitragen und auch die Wirksamkeit Ihrer eigenen Beleuchtung verringern, wodurch die Sicht auf die Straße erschwert wird.

Durch die Verbesserung Ihres räumlichen Bewusstseins und den effektiven Umgang mit Blendung können Sie Ihre Sicherheit und Ihren Komfort beim Fahren unter schwierigen Bedingungen verbessern. Diese Strategien tragen dazu bei, die mit eingeschränkter Sicht verbundenen Risiken zu mindern und ein sichereres Fahrerlebnis zu gewährleisten.

Fahren im Gelände und in unwegsamem Gelände

Das Fahren auf unbefestigten Straßen oder unwegsamem Gelände erfordert im Vergleich zum typischen Straßenfahren andere Fähigkeiten, insbesondere in Bezug auf Fahrzeughandhabung und Navigation.

Fahrzeugfunktionen verstehen

Wenn Sie sich ins Gelände wagen, ist es wichtig, die Fähigkeiten Ihres Fahrzeugs genau zu verstehen. Dieses Wissen kann Ihre Fähigkeit, unwegsames Gelände sicher und effektiv zu bewältigen, erheblich beeinträchtigen.

Bodenfreiheit: Die Bodenfreiheit ist ein kritischer Faktor beim Fahren im Gelände. Es bestimmt die Höhe, in der Ihr Fahrzeug Hindernisse ohne Beschädigung des Fahrwerks passieren kann. Machen Sie sich mit der Bodenfreiheit Ihres Fahrzeugs vertraut, um abzuschätzen, welche Hindernisse Sie sicher überwinden können.

4WD- und AWD-Systeme: Es ist wichtig, die Unterschiede und Fähigkeiten von Allradantriebssystemen (4WD) und Allradantrieb (AWD) zu verstehen. 4WD-Systeme, die unter rauen Bedingungen eingeschaltet werden können, bieten eine bessere Traktion im Gelände, indem sie die Kraft bei Bedarf auf alle vier Räder verteilen. AWD-Systeme, die kontinuierlich arbeiten, bieten erhöhte Stabilität und Traktion auf verschiedenen Oberflächen, bieten jedoch möglicherweise nicht die Robustheit von 4WD-Systemen für anspruchsvollere Offroad-Bedingungen.

4WD/AWD effektiv nutzen: Erfahren Sie, wann und wie Sie 4WD oder AWD einschalten müssen. Zum Beispiel ist die 4WD Low Range für extrem unwegsames Gelände von Vorteil, in dem maximales Drehmoment bei niedrigen Geschwindigkeiten benötigt wird, wie z. B. beim Kriechen von Felsen oder beim Erklimmen steiler Steigungen.

Techniken für unwegsames Gelände

Das Navigieren in unwegsamem Gelände erfordert spezielle Fahrtechniken, die dazu beitragen, die Fahrzeugkontrolle zu behalten und Risiken zu minimieren.

Konstante Geschwindigkeiten beibehalten: Halten Sie eine konstante, niedrige Geschwindigkeit ein, um durch schwierige Stellen zu navigieren. Hohe Geschwindigkeiten können zu Kontrollverlust führen, insbesondere auf unebenen Oberflächen, wo Unebenheiten zu erheblichen

Fahrzeuginstabilitäten führen können.

Verwendung niedriger Gänge: Unter schwierigen Offroad-Bedingungen kann die Verwendung niedrigerer Gänge eine bessere Kontrolle und ein höheres Drehmoment bei niedrigeren Geschwindigkeiten bieten, was für Steigungen oder Abfahrten an steilen Steigungen entscheidend ist. Ein niedriges Getriebe hilft auch bei der Steuerung der Motorbremse bei Abfahrten, wodurch die Notwendigkeit verringert wird, Bremsen zu verwenden, die blockieren und Schleudern verursachen können.

Hindernisse navigieren: Nähern Sie sich jedem Hindernis mit einem Plan. Analysieren Sie den besten Weg, um zu vermeiden, dass Ihr Fahrzeug in einen Winkel gebracht wird, in dem ein Überschlag möglich ist. Wenn Sie sich großen Hindernissen wie Steinen oder umgestürzten Baumstämmen nähern, versuchen Sie, dass Ihre Reifen zuerst Kontakt aufnehmen, was eine größere

Stabilität und Hebelwirkung beim Klettern bietet.

Wiederherstellungs-Fähigkeiten

Selbst mit der besten Vorbereitung kann das Fahren im Gelände zu Situationen führen, in denen Ihr Fahrzeug stecken bleibt. Zu wissen, wie Sie Ihr Fahrzeug sicher bergen können, ist eine wichtige Fähigkeit.

Traktionshilfen verwenden: Tragen Sie Traktionshilfen wie Traktionsmatten, Sandleitern oder sogar einfache Gegenstände wie Teppichreste oder Fußmatten. Diese können unter den Reifen platziert werden, um auf rutschigem Untergrund Traktion zu erhalten.

Recovery Boards: Recovery Boards wurden speziell entwickelt, um unter den Rädern platziert zu werden, um eine feste Traktionsfläche in Schlamm, Sand oder Schnee zu bieten. Positionieren Sie sie richtig unter den

Antriebsrädern, damit sich Ihr Fahrzeug lösen kann.

Um Hilfe rufen: In Situationen, in denen eine Selbstheilung nicht möglich ist, sollten Sie wissen, wann und wie Sie um Hilfe rufen können. Haben Sie ein Kommunikationsmittel, wie z. B. ein Mobiltelefon mit ausreichendem Signal, ein Satellitentelefon oder einen Funk-Transceiver in Gebieten ohne Mobilfunkabdeckung.

Zusätzliche Werkzeuge: Erwägen Sie, zusätzliche Bergungswerkzeuge wie eine Winde mitzunehmen, die eine unschätzbare Hilfe sein können, um Ihr Fahrzeug aus tiefem Schlamm, Sand oder steilen Hängen zu ziehen. Stellen Sie immer sicher, dass Sie und alle anderen am Bergungsprozess Beteiligten wissen, wie Sie diese Werkzeuge sicher verwenden können, um Verletzungen oder weitere Schäden am Fahrzeug zu vermeiden.

Wenn Sie diese Offroad-Fähigkeiten beherrschen,

können Sie sicherere und sicherere Abenteuer in unwegsamem Gelände erleben. Das Verständnis der Fähigkeiten Ihres Fahrzeugs, der Einsatz effektiver Fahrtechniken und die Fähigkeiten zur Fahrzeugbergung sind entscheidende Komponenten für ein kompetentes Fahren im Gelände.

Praktische Übungen

Um diese Fahrtechniken effektiv zu erlernen, können praktische Übungen in kontrollierten Umgebungen oder spezielle Kurse von unschätzbarem Wert sein.

Skid Pan Schulung

Das Skid-Pan-Training ist eine unschätzbare Übung für Fahrer, die ihre Fähigkeiten bei der Kontrolle eines Fahrzeugs unter rutschigen Bedingungen verbessern möchten. Folgendes beinhaltet dieses

Training in der Regel:

Fahrzeugverhalten verstehen: Das Skid-Pan-Training bietet Erfahrungen aus erster Hand, wie sich ein Fahrzeug verhält, wenn es die Traktion verliert. Es ermöglicht dem Fahrer, das Einsetzen von Schleudern zu spüren und zu verstehen, wie sich verschiedene Eingaben auf die Steuerung des Fahrzeugs auswirken.

Üben auf nasser Schleuderpfanne: Eine Schleuderwanne ist ein speziell entwickelter flacher Bereich, der oft mit Wasser oder einer rutschigen Substanz beschichtet ist, um nasse oder vereiste Straßenbedingungen zu simulieren. Das Üben auf diesem Untergrund hilft dem Fahrer, zu lernen, wie er das Fahrzeug bei Schleudern durch Über- oder Untersteuern beherrscht.

Korrigierende Lenktechniken: Der Schwerpunkt liegt auf der Beherrschung der korrigierenden Lenkung – dem Erlernen der instinktiven und korrekten Reaktion, um ein schleuderndes Fahrzeug wieder unter Kontrolle zu bringen. Die Fahrer üben Techniken wie das Einlenken in den Schleudern (für Hinterradschleudern) und das richtige Gasmanagement, um die Traktion ohne Überkorrektur wiederzuerlangen.

Sichere Umgebung: Dieses Training wird in einer kontrollierten Umgebung durchgeführt, die es sicher macht, die Grenzen des Fahrzeughandlings ohne das Risiko von Verkehr oder Straßenhindernissen auszuloten.

Nachtfahrkurs

Nachtfahrten stellen aufgrund der eingeschränkten Sicht und der erhöhten Wahrscheinlichkeit, beeinträchtigten Fahrern zu begegnen, einzigartige Herausforderungen dar. Ein Nachtfahrkurs kann Fahrer mit Fähigkeiten ausstatten, um diese Herausforderungen effektiv zu bewältigen:

Verbesserte Wahrnehmungsfähigkeiten: Die Ausbilder konzentrieren sich darauf, die Fähigkeit der Fahrer zu verbessern, Informationen bei schlechten Lichtverhältnissen wahrzunehmen und darauf zu reagieren. Dazu gehören das Erkennen der reflektierenden Schilder, das Verständnis der Verwendung von Scheinwerfern und das Interpretieren von Schatten und Straßenrandmarkierungen.

Umgang mit Blendung: Ein wichtiger Bestandteil des Nachtfahrtrainings besteht darin, zu lernen, wie man mit Blendung durch Gegenverkehr umgeht. Zu den Techniken gehören das Einstellen des Winkels Ihrer Spiegel, die Verwendung des Visiers des Autos und das Verbessern der Lichteinstellungen des Armaturenbretts.

Praktische Erfahrung: Die Teilnehmer können in einer sicheren, kontrollierten Umgebung unter verschiedenen Nachtbedingungen fahren. Dies kann das Fahren in Gebieten ohne

Straßenbeleuchtung oder bei simuliertem Nebel umfassen, um die für ein sicheres Fahren erforderlichen Anpassungen zu verstehen.

Offroad-Abenteuer

Offroad-Fahrkurse bieten praktische Erfahrungen und Trainings für die Navigation durch unterschiedliches Gelände, was sich deutlich vom herkömmlichen Straßenfahren unterscheidet. Das erwartet die Teilnehmer:

Geländenavigation: Erfahren Sie, wie Sie verschiedene Offroad-Bedingungen wie Schlamm, Sand, Schotter und Felsen bewältigen. Das Training konzentriert sich auf Techniken wie die Wahl des richtigen Weges, das Verständnis der Fahrzeuggrenzen in Bezug auf Böschungswinkel, Abfahrt und Überschlag sowie das Manövrieren durch Hindernisse.

Fahrzeughandling unter nicht standardmäßigen Bedingungen: Die Ausbilder lehren, wie man die Differentiale und Traktionskontrollsysteme eines Fahrzeugs effektiv verwaltet, falls verfügbar. Die Fahrer lernen, wie sie hohe und niedrige Übersetzungen in 4WD-Fahrzeugen nutzen, um Traktion und Leistung zu maximieren.

Wiederherstellungstechniken: Ein wesentlicher Teil des Offroad-Fahrens besteht darin, zu wissen, was zu tun ist, wenn Sie stecken bleiben. Die Kurse beinhalten oft Schulungen zur sicheren und effektiven Verwendung von Winden, Bergebrettern und anderen Bergeausrüstungen.

Praktische Erfahrung: Am wichtigsten ist, dass Offroad-Kurse reichlich praktische Fahrerfahrung bieten, sodass die Fahrer das Gelernte unter Anleitung erfahrener Instruktoren in realen Szenarien anwenden können.

Jeder dieser Kurse – ob mit Schwerpunkt auf

Schleuderkontrolle, Nachtfahrten oder Offroad-Fahren – vermittelt wertvolle Fähigkeiten, die die Fähigkeit und das Selbstvertrauen eines Fahrers verbessern, eine Vielzahl von herausfordernden Fahrsituationen sicher zu bewältigen.

Schlussfolgerung

Die Möglichkeit, Ihre Fahrtechnik an unterschiedliche Umgebungsbedingungen anzupassen, erhöht nicht nur Ihre Sicherheit, sondern auch Ihr Vertrauen auf der Straße. Jede Art von Bedingungen – ob schlechtes Wetter, Nachtfahrten oder schwieriges Gelände – stellt spezifische Herausforderungen dar, und die Beherrschung der entsprechenden Reaktionen darauf kann Ihre allgemeine Fahrkompetenz erheblich verbessern. Wie bei allen Fähigkeiten sind regelmäßiges Üben und kontinuierliches Lernen unerlässlich, um diese Fähigkeiten zu erhalten und zu verbessern.

Kapitel 6: Präzisions- und Streckenfahren

Präzision und Raupenfahren konzentrieren sich auf die Fähigkeiten, die erforderlich sind, um ein Fahrzeug an den Grenzen seiner Leistung in einer kontrollierten Umgebung zu handhaben. Dieses Kapitel bietet Einblicke in die Techniken, die für ein sicheres und effizientes Fahren auf der Rennstrecke erforderlich sind, sowie Anleitungen zur Vorbereitung des Fahrers und des Fahrzeugs auf einen Tag auf der Rennstrecke.

Grundlagen des Streckenfahrens und der Sicherheit

Das Verständnis der Grundlagen des Rennstreckenfahrens ist entscheidend für jeden, der in diesen aufregenden Aspekt des Fahrens einsteigen möchte. Sicherheit ist von größter

Bedeutung, und die Kenntnis der grundlegenden Etikette und Regeln kann das Erlebnis angenehm und sicher machen.

Verfolgen Sie Sicherheitsprotokolle

Das Erlernen und Einhalten von Sicherheitsprotokollen auf der Rennstrecke ist entscheidend für die Gewährleistung der Sicherheit bei Trackdays oder Motorsportveranstaltungen. Diese Protokolle erleichtern eine effektive Kommunikation und helfen, Unfälle zu vermeiden, indem sie sicherstellen, dass alle Fahrer über die aktuellen Bedingungen auf der Strecke informiert sind.

Flaggenbedeutungen: Eines der Kernelemente der Streckensicherheit ist das Verständnis der Flaggensignale, die während Rennen und Trackdays verwendet werden. Dazu gehören:

- **Grüne Flagge**: Zeigt an, dass die Strecke für Rennen freigegeben ist.
- **Gelbe Flagge**: Signalisiert Vorsicht; es kann eine Gefahr auf der Strecke bestehen, und das Überholen ist oft verboten, bis die gelbe Flaggenzone überwunden ist.
- **Rote Flagge**: Alle Fahrer müssen das Rennen aufgrund eines schweren Unfalls oder gefährlicher Bedingungen auf der Strecke sofort beenden.
- **Schwarze Flagge**: Wird an einzelne Fahrer gerichtet, um an die Box zurückzukehren, in der Regel für Sicherheitsinspektionen oder Regelverstöße.
- **Karierte Flagge**: Markiert das Ende des Rennens oder der Session.

Sicherheitsunterweisungen: Vor der Teilnahme an Streckenaktivitäten ist die Teilnahme an Sicherheitsunterweisungen obligatorisch. Diese Briefings decken die spezifischen Regeln und Erwartungen für die Veranstaltung,

Notfallverfahren und das Layout der Strecke ab.

Grundlegendes zu Gleislayouts

Sowohl für Anfänger als auch für erfahrene Fahrer ist das Verständnis des Layouts einer Rennstrecke unerlässlich, um die Leistung zu verbessern und die Sicherheit zu gewährleisten. Jede Strecke hat einzigartige Eigenschaften und Herausforderungen, die die Fahrer meistern müssen.

Erlernen des Layouts: Bevor Sie auf einer neuen Strecke fahren, studieren Sie deren Layout, einschließlich des Wissens, wo sich die Kurven befinden, der Identifizierung von Bremspunkten, Scheitelpunkten und Ausfahrtspunkten. Dieses Wissen trägt nicht nur zur Verbesserung der Rundenzeiten bei, sondern erhöht auch die Sicherheit, da es den Fahrern ermöglicht, die Herausforderungen der Strecke im Voraus zu antizipieren.

Bremspunkte: Zu wissen, wo man vor dem Einfahren in eine Kurve mit dem Bremsen beginnen muss, ist entscheidend, um die Kontrolle über das Fahrzeug zu behalten und eine optimale Einfahrgeschwindigkeit zu erreichen, die sicher durch die Kurve getragen werden kann.

Scheitelpunkte und Ausfahrtspunkte: Der Scheitelpunkt ist der Punkt, an dem das Auto der Innenseite der Kurve am nächsten kommt, und ist entscheidend, um die effizienteste Linie durch eine Kurve zu nehmen. An den Ausfahrtspunkten beginnen Sie, die Lenkung zu begradigen und aus der Kurve heraus zu beschleunigen. Die Beherrschung dieser Elemente ist der Schlüssel zu schnellen und sicheren Runden.

Fahretikette

Eine gute Fahretikette ist auf der Strecke unerlässlich, um sicherzustellen, dass alle Teilnehmer eine sichere und respektvolle

Fahrumgebung genießen können.

Ein- und Ausfahrt in die Strecke: Befolgen Sie immer die dafür vorgesehenen Verfahren zum Ein- und Ausfahren der Strecke. Dabei geht es in der Regel darum, die bereits auf der Strecke befindlichen Autos nicht von und zu den Boxen einzufädeln.

Überhol-Etikette: Sicheres Überholen ist ein kritischer Aspekt beim Fahren auf der Rennstrecke. Es ist wichtig, nur in ausgewiesenen Bereichen zu überholen und wenn dies sicher ist. Kommunizieren Sie Ihre Absichten klar mit Handzeichen oder indem Sie Ihr Fahrzeug so positionieren, dass Ihr Überholplan angezeigt wird.

Respekt vor anderen Fahrern: Bewahren Sie eine professionelle Einstellung und respektieren Sie den Raum und das Tempo anderer Fahrer. Vermeiden Sie aggressives Fahren und denken Sie daran, dass Trackdays keine Wettkämpfe sind, sondern Gelegenheiten, Fahrkünste in einer kontrollierten Umgebung zu erlernen und zu verbessern.

Durch die Einhaltung der Sicherheitsprotokolle auf der Strecke, das Verständnis der Streckenlayouts und das Üben einer guten Fahretikette können die Teilnehmer sicherstellen, dass ihr Streckenerlebnis sowohl angenehm als auch sicher ist, sodass sie sich auf die Verfeinerung ihrer Fahrkünste in einer respektvollen und kontrollierten Umgebung konzentrieren können.

Fortgeschrittene Track-Techniken

Um die Leistung auf der Rennstrecke zu verbessern, müssen fortgeschrittene Fahrtechniken beherrscht werden. Diese Techniken erhöhen nicht nur die Geschwindigkeit, sondern erhöhen auch die Kontrolle und das Vertrauen des Fahrers bei hohen Geschwindigkeiten.

Scheitelpunkt und Trailbremsen

Apexing und **Trail Braking** sind fortschrittliche Fahrtechniken, die auf Rennstrecken eingesetzt werden, um die Geschwindigkeit und Kontrolle eines Fahrzeugs in Kurven zu optimieren.

Scheitelpunkt: Das Finden und Erreichen des Scheitelpunkts – der Punkt, an dem sich Ihr Fahrzeug der Kurveninnenseite am nächsten befindet – ist entscheidend, um die optimale Linie in einer Kurve beizubehalten. Das Ziel ist es, weit in die Kurve einzufahren, den Scheitelpunkt zu berühren und dann weit auszusteigen, was es Ihnen ermöglicht, die geradestmögliche Linie zu nehmen und höhere Geschwindigkeiten beizubehalten.

- **Technik**: Um Ihren Scheitelpunkt zu perfektionieren, konzentrieren Sie sich darauf, die Linie durch die Kurve zu visualisieren, bevor Sie sie erreichen, zielen Sie auf den Scheitelpunkt, wenn Sie sich der

Kurve nähern, und lenken Sie das Fahrzeug sanft, um diesen Punkt zu schneiden. Es erfordert oft Übung, um den genauen Moment und die Position des Scheitelpunkts in verschiedenen Arten von Ecken zu erkennen.

Trail-Bremsen: Hierbei wird im ersten Teil der Kurve über den normalen Bremspunkt hinaus weiter gebremst und dann die Bremse allmählich gelöst, wenn Sie sich dem Scheitelpunkt nähern. Diese Technik hilft, die Gewichtsverlagerung auf die Vorderräder zu steuern, den Grip zu verbessern und eine präzisere Lenkung zu ermöglichen.

- **Umsetzung**: Beginnen Sie früher mit dem Bremsen, aber lassen Sie die Bremsen sanft los, wenn Sie in die Kurve einbiegen. Der Schlüssel liegt darin, die Bremskraft beim Einlenken auszugleichen und genügend Geschwindigkeit und Kontrolle beizubehalten, um reibungslos um die Kurve zu manövrieren, ohne zu untersteuern oder zu übersteuern.

Rundentiming und Konsistenz

Bei der Verbesserung der Rundenzeiten geht es nicht nur darum, das Fahrzeug auf seine Höchstgeschwindigkeit zu bringen, sondern auch darum, Konsistenz und Laufruhe in Ihren Fahrmanövern zu erreichen.

Beständigkeit: Die effektivsten Rennfahrer sind diejenigen, die Runde für Runde präzise Fahrmanöver konsequent wiederholen können. Dazu gehört es, das Streckenlayout zu beherrschen, das Verhalten des Fahrzeugs unter verschiedenen Bedingungen zu verstehen und seine Fähigkeiten zuverlässig auszuführen.

- **Training**: Konzentriere dich darauf, jede Runde die gleichen Bremspunkte, Einlenkpunkte und Beschleunigungspunkte zu wiederholen. Verwenden Sie

Referenzpunkte auf der Strecke, z. B. Schilder, Kegel oder Markierungen auf dem Asphalt, um die Konsistenz zu gewährleisten.

Laufruhe: Ein reibungsloser Betrieb von Lenkung, Gas und Bremsen ist entscheidend. Ruckartige Bewegungen können das Fahrzeug verunsichern und zu langsameren Rundenzeiten führen. Je reibungsloser Sie mit der Steuerung umgehen, desto ausgewogener ist Ihr Fahrzeug, was die Geschwindigkeit und Sicherheit erhöht.

- **Technik**: Arbeite daran, die Finesse zu verfeinern, mit der du die Autosteuerung handhast. Das bedeutet, schrittweise und kontrollierte Eingaben zu üben und abrupte Änderungen zu vermeiden, es sei denn, es ist absolut notwendig.

Datenanalyse und Feedback

Im modernen Rennsport werden häufig Onboard-Telemetrie und Datenprotokollierung verwendet, um den Fahrern präzises Feedback zu ihrer Leistung zu geben und eine detaillierte Analyse des Fahrstils und des Fahrzeugverhaltens zu ermöglichen.

Onboard-Telemetrie: Viele Rennwagen und fortschrittliche Trackday-Fahrzeuge sind mit Telemetriesystemen ausgestattet, die Daten wie Geschwindigkeit, Gasstellung, Bremsdruck und Lenkwinkel erfassen. Die Analyse dieser Daten hilft dabei, Teile der Strecke zu identifizieren, in denen Sie sich verbessern können, sei es durch späteres Bremsen, mehr Geschwindigkeit in einer Kurve oder früheres Beschleunigen.

- **Verwendung**: Überprüfen Sie nach jeder Sitzung die Telemetriedaten mit einem Trainer oder einem erfahreneren Fahrer, um bestimmte verbesserungswürdige Bereiche zu ermitteln.

Datenprotokollierung: Für diejenigen, die keinen Zugang zu ausgefeilter Telemetrie haben, können einfache GPS-basierte Datenlogger genügend Informationen liefern, um die Fahrtechniken zu verbessern. Diese Geräte können Rundenzeiten, Geschwindigkeitskarten und manchmal sogar Videomaterial anzeigen.

- **Analyse**: Verwenden Sie die Daten, um verschiedene Runden oder verschiedene Ansätze für bestimmte Kurven zu vergleichen. Suchen Sie nach Mustern oder wiederkehrenden Problemen, wie z. B. frühem oder spätem Bremsen, die Sie Zeit um die Runde kosten könnten.

Durch die Beherrschung von Apexing und Trail-Bremsen, die Konzentration auf Rundentiming und -konsistenz sowie die Nutzung von Datenanalysen und Feedback können Fahrer ihre Leistung auf der Strecke erheblich verbessern. Diese Techniken und Werkzeuge ermöglichen ein tieferes Verständnis der Fähigkeiten von Fahrer und Fahrzeug, was zu kontinuierlich verbesserten Ergebnissen führt.

Vorbereitung auf einen Trackday: Mentale und Fahrzeugvorbereitung

Die mentale und körperliche Vorbereitung ist für einen erfolgreichen Trackday unerlässlich. In diesem Abschnitt erfahren Sie, wie Sie sowohl den Fahrer als auch das Fahrzeug auf die Belastungen und Anforderungen des Rennstreckenfahrens vorbereiten können.

Mentale Vorbereitung

Erfolg auf der Rennstrecke hat nicht nur mit körperlichen Fähigkeiten zu tun; Es geht auch um die richtige mentale Vorbereitung. Hier sind Techniken, um die Konzentration zu verbessern, Stress zu bewältigen und die Gesamtleistung durch mentales Training zu verbessern:

Verbesserung des Fokus und der mentalen Ausdauer: Lange Einheiten auf der Bahn erfordern anhaltende Konzentration. Regelmäßiges Üben von Konzentrationsübungen kann Ihre Fähigkeit verbessern, konzentriert zu bleiben. Techniken wie Meditation oder fokussierte Atemübungen helfen dabei, die Konzentration über längere Zeiträume aufrechtzuerhalten.

Umgang mit Adrenalin und Stress: Rennen können den Stresspegel und das Adrenalin erhöhen und die Entscheidungsfindung und körperliche Kontrolle beeinträchtigen. Es ist entscheidend zu lernen, diese Reaktionen zu kontrollieren. Techniken wie progressive Muskelentspannung, Visualisierung und Routinen vor dem Rennen können helfen, physiologische Reaktionen auf Stress zu bewältigen. Das regelmäßige Üben dieser Techniken kann sie unter Rennbedingungen effektiver machen.

Visualisierung: Eines der mächtigsten Werkzeuge für jeden Rennfahrer ist die Visualisierung. Verbringen Sie Zeit damit, jeden Track mental zu proben, bevor Sie ihn fahren. Stellen Sie sich vor, wie Sie durch jede Kurve fahren, perfekte Schaltvorgänge ausführen und optimale Linien und Geschwindigkeiten beibehalten. Diese mentale Probe kann Ihre Leistung in der realen Welt verbessern, da der Prozess hilft, Ihre Reaktionen vorzuprogrammieren und das Überraschungsmoment in verschiedenen Rennszenarien zu reduzieren.

Körperliche Vorbereitung

Das Fahren auf der Rennstrecke ist körperlich anstrengend und erfordert von den Fahrern eine gute körperliche Verfassung, um den Belastungen und Kräften während des Rennens standzuhalten.

Die körperlichen Anforderungen verstehen: Das Fahren mit hohen Geschwindigkeiten erfordert hohe G-Kräfte, intensive Konzentration und schnelle Reflexe. Die körperlichen Anforderungen können zu Ermüdung führen, was die Leistungsfähigkeit beeinträchtigt und das Fehlerrisiko erhöht. Regelmäßiges Herz-Kreislauf- und Krafttraining kann Ihrem Körper helfen, diese Anforderungen zu bewältigen.

Hydratisiert bleiben: Flüssigkeitszufuhr ist entscheidend, besonders an heißen Tagen oder bei langen Rennen, bei denen Sie stark schwitzen können. Dehydrierung kann zu einer verminderten körperlichen Leistungsfähigkeit und Konzentration führen. Stellen Sie sicher, dass Sie vor, während und nach der Fahrt genügend Flüssigkeit zu sich nehmen. Elektrolytangereicherte Getränke können vorteilhaft sein, um Mineralien zu ersetzen, die durch Schweiß verloren gehen.

Aufrechterhaltung des Energieniveaus durch richtige Ernährung: Die richtigen Lebensmittel vor und während der Renntage sind für die Aufrechterhaltung des Energieniveaus unerlässlich. Konzentrieren Sie sich auf Mahlzeiten, die reich an komplexen Kohlenhydraten für anhaltende Energie, mäßig an Proteinen für die Muskelreparatur und -regeneration und fettarm sind, um Verdauungsbeschwerden zu vermeiden. Das Timing Ihrer Mahlzeiten ist ebenfalls entscheidend; Zu kurz vor der Rennzeit zu essen, kann zu Beschwerden führen, während zu frühes Essen zu wenig Energie verursachen kann.

Ruhe und Erholung: Ausreichende Ruhe ist genauso wichtig wie körperliches Training. Stellen Sie sicher, dass Sie vor den Renntagen viel Schlaf bekommen, da Müdigkeit sowohl Ihre körperliche als auch Ihre geistige Leistungsfähigkeit erheblich beeinträchtigen kann. Geben Sie Ihrem Körper nach dem Rennen Zeit, sich zu erholen und zu verjüngen, insbesondere nach körperlich anstrengenden Rennen.

Durch die Kombination von mentalen und körperlichen Vorbereitungsstrategien können Sie Ihre Leistung auf der Strecke maximieren. Mentale Techniken helfen bei der Bewältigung der psychischen Belastungen des Rennens, während die körperliche Vorbereitung sicherstellt, dass Ihr Körper der Herausforderung gewachsen ist, damit Sie unter den anspruchsvollen Bedingungen des Bahnrennens Ihr Bestes geben können.

Fahrzeugprüfungen und -einstellungen

Die richtige Fahrzeugvorbereitung ist für eine optimale Leistung und Sicherheit auf der Rennstrecke unerlässlich. Detaillierte Checks und Setups sorgen nicht nur dafür, dass sich das Fahrzeug in einem Top-Zustand befindet, sondern helfen auch, bestmögliche Rundenzeiten zu erzielen und das Risiko mechanischer Ausfälle zu verringern. Hier sind die wichtigsten Bereiche, auf die Sie sich konzentrieren sollten, bevor Sie sich auf die Strecke begeben:

Überprüfen des Flüssigkeitsstands: Beginnen Sie mit der Überprüfung aller kritischen Flüssigkeitsstände, einschließlich Motoröl, Kühlmittel, Bremsflüssigkeit und Servolenkungsflüssigkeit. Der Rennsport belastet das Fahrzeug zusätzlich, und ein ausreichender Flüssigkeitsstand ist entscheidend, um einen reibungslosen Betrieb zu gewährleisten und Überhitzung oder mechanische Ausfälle zu vermeiden. Stellen Sie sicher, dass die Flüssigkeiten nicht nur den richtigen Füllstand, sondern auch sauber und innerhalb des Wartungsintervalls sind.

Bremszustand: Überprüfen Sie das gesamte Bremssystem – Beläge, Scheiben und Flüssigkeit. Das Fahren auf der Rennstrecke erfordert aufgrund der hohen Geschwindigkeiten und des häufigen

Einsatzes effektive und reaktionsschnelle Bremssysteme. Ersetzen Sie verschlissene Beläge, prüfen Sie die Scheiben auf Verschleiß oder Verformungen und stellen Sie sicher, dass die Bremsflüssigkeit von hoher Qualität ist und keine Feuchtigkeit aufgenommen hat, was den Siedepunkt senken und die Wirksamkeit verringern kann.

Reifendruck und -zustand: Die Reifen sind der einzige Kontaktpunkt mit der Strecke, was ihren Zustand und ihr Setup entscheidend macht. Überprüfen Sie auf Anzeichen von ungleichmäßigem Verschleiß, Schnitten oder eingebetteten Gegenständen. Der Reifendruck sollte an die Streckenbedingungen angepasst werden; In der Regel werden die Drücke höher eingestellt als die Straßeneinstellungen, um die höheren Temperaturen auf der Strecke zu bewältigen. Es ist auch nützlich, den Reifendruck im Laufe des Tages zu überprüfen, da er sich bei Temperaturschwankungen ändern kann.

Ausrichtungs- und Aufhängungseinstellungen: Die richtige Ausrichtung ist entscheidend für ein vorhersehbares Fahrzeugverhalten und Reifenverschleiß. Überprüfen Sie die Ausrichtungseinstellungen wie Spur, Sturz und Nachlauf, um sicherzustellen, dass sie Ihren Fahrpräferenzen und Streckenspezifikationen entsprechen. Die Aufhängungseinstellungen, einschließlich der Steifigkeit des Stoßdämpfers und der Fahrhöhe, müssen möglicherweise auch auf der Grundlage des Streckenlayouts und des Streckenzustands angepasst werden, um das Handling und die Stabilität zu optimieren.

Überprüfung der Sicherheitsausrüstung: Stellen Sie sicher, dass alle Sicherheitsausrüstungen wie Gurt, Überrollkäfig, Feuerlöscher und Helm in gutem Zustand sind und den Sicherheitsanforderungen der Strecke entsprechen. Dies ist nicht nur für die Einhaltung der Streckenvorschriften von entscheidender Bedeutung, sondern auch für Ihre Sicherheit im

Falle eines Unfalls.

Pre-Track-Tests: Führen Sie nach Möglichkeit einen Pre-Track-Testlauf in einer kontrollierten Umgebung durch, um das gesamte Fahrzeug-Setup zu überprüfen. Achten Sie auf das Ansprechverhalten des Fahrzeugs und nehmen Sie ggf. Anpassungen vor. Dieser Lauf kann helfen, übersehene Probleme zu erkennen und sicherzustellen, dass sich das Fahrzeug richtig anfühlt, bevor Sie sich auf Runden mit voller Geschwindigkeit festlegen.

Dokumentation und Werkzeuge: Stellen Sie sicher, dass Sie über alle erforderlichen Unterlagen verfügen, die für die Strecke erforderlich sind, wie z. B. Registrierungsnachweise, Versicherungen und Inspektionszertifikate. Packen Sie außerdem ein wichtiges Toolkit, Ersatzteile wie Riemen und Schläuche sowie zusätzliche Flüssigkeiten für Anpassungen vor Ort und kleinere Reparaturen ein.

Durch die sorgfältige Vorbereitung Ihres Fahrzeugs mit diesen Checks und Setups können Sie Ihr Trackday-Erlebnis maximieren und sowohl Leistung als auch Sicherheit im Fokus behalten. Diese gründliche Vorbereitung trägt nicht nur zu einer besseren Leistung bei, sondern reduziert auch das Risiko von Fahrzeugausfällen oder Unfällen auf der Strecke erheblich.

Praktische Übungen

Praktische Übungen sind unerlässlich, um das theoretische Wissen in realen Streckenumgebungen anzuwenden.

Kontrollierte Läppsitzungen

Kontrollierte Überrundungen bieten den Fahrern eine hervorragende Gelegenheit, ihre

Fahrtechniken in einer sicheren und strukturierten Umgebung zu üben und zu verfeinern. So können Sie von der Teilnahme an diesen Sitzungen profitieren:

Überwachte Umgebung: Diese Sitzungen werden in der Regel von erfahrenen Instruktoren oder Streckenoffiziellen überwacht, um sicherzustellen, dass die Sicherheitsprotokolle eingehalten werden. Die Anwesenheit von Fachleuten bedeutet auch, dass Sie sofortiges Feedback zu Ihrem Fahrverhalten erhalten können, was für die Verbesserung von unschätzbarem Wert ist.

Real Track Experience: Im Gegensatz zum Gelegenheitsfahren können Sie beim kontrollierten Überrunden die Grenzen Ihres Fahrzeugs und Ihre Fahrkünste in einer realen Streckenumgebung ohne den Wettbewerbsdruck des Rennens ausreizen. Das bedeutet, dass Sie sich ausschließlich auf die Verfeinerung von Techniken wie Bremsen, Kurvenfahren und Beschleunigen durch verschiedene Kurventypen konzentrieren können.

Üben Sie Konsistenz und bauen Sie Selbstvertrauen auf: Regelmäßige Teilnahme hilft, das Muskelgedächtnis für bestimmte streckenspezifische Fähigkeiten aufzubauen und das Selbstvertrauen hinter dem Lenkrad zu stärken. Je vertrauter Sie mit der Strecke und Ihrem Fahrzeug unter Streckenbedingungen werden, desto besser wird Ihr Fahrverhalten.

Sicherheit und gemeinsames Lernen: Sicherheitsmaßnahmen stehen bei diesen Sitzungen an erster Stelle. Kontrollierte Umgebungen minimieren Risiken, und das Fahren unter Gleichaltrigen, die ebenfalls lernen, schafft eine unterstützende Atmosphäre für Verbesserungen.

Performance Fahrschulen

Leistungsfahrschulen sind spezialisierte Bildungszentren, die Fahrtechniken für Hochgeschwindigkeitsumgebungen vermitteln und sowohl die Sicherheit als auch die Verbesserung der Fähigkeiten betonen. Hier ist, was diese Schulen anbieten:

Professioneller Unterricht: Lernen Sie von erfahrenen Rennstreckenfahrern oder zertifizierten Instruktoren, die Einblicke und Korrekturen geben können, die für die meisten Amateurrennfahrer nicht offensichtlich sind. Ihr Fachwissen ist von unschätzbarem Wert, um zu lernen, wie Sie Ihr Fahrzeug bei hohen Geschwindigkeiten sicher handhaben.

Lehrplanbasiertes Lernen: Die meisten Schulen bieten eine strukturierte Lernerfahrung an, die eine Vielzahl von Themen abdeckt, darunter Fahrzeugdynamik, Hochgeschwindigkeitshandling,

Bremstechniken und richtiges Kurvenverhalten. Dieser umfassende Ansatz stellt sicher, dass die Schüler eine umfassende Ausbildung im Leistungsfahren erhalten.

Praktische Erfahrung: Fahrschulen kombinieren oft Unterricht im Klassenzimmer mit praktischem praktischem Fahren auf einer Strecke. Diese direkte Anwendung des theoretischen Wissens trägt dazu bei, das Lernen zu festigen und die Fahrfähigkeiten erheblich zu verbessern.

Vernetzung mit anderen Enthusiasten: Der Besuch einer Fahrschule verbindet Sie auch mit anderen Fahrbegeisterten, was zu neuen Freundschaften, beruflichen Verbindungen und Möglichkeiten im Motorsport führen kann.

Sim-Racing und virtuelles Training

Sim-Racing und virtuelles Training sind in der Motorsport-Community immer beliebter und wertvoller geworden. So können sie Ihre Fahrkünste verbessern:

Zugänglichkeit und Sicherheit: Sim-Racing-Setups reichen von einfach bis hochentwickelt und bieten eine risikofreie und zugängliche Möglichkeit, Fahrtechniken zu üben. Sie können Manöver so oft wie nötig wiederholen, um sie zu meistern, ohne die physischen Risiken oder Kosten, die mit dem Fahren auf der realen Rennstrecke verbunden sind.

Streckengewöhnung: Virtuelle Umgebungen können reale Strecken genau nachbilden, sodass Fahrer Streckenlayouts, Bremspunkte und Abbiegeansätze lernen können, bevor sie überhaupt einen Fuß auf die tatsächliche Strecke setzen.

Technikverfeinerung: Simulatoren bieten die Möglichkeit, bestimmte Fahrtechniken wiederholt zu üben. Fortschrittliche Simulationssoftware kann

Feedback zu Brems-, Gasbetätigungs- und Lenkeingaben sowie umfassende Telemetriedaten liefern.

Anpassbarer Schwierigkeitsgrad: Simulatoren ermöglichen die Anpassung von Schwierigkeitsgraden und Bedingungen wie Wetter und Streckentemperatur, was den Fahrern helfen kann, sich auf eine Vielzahl von realen Fahrbedingungen vorzubereiten.

Durch die Integration kontrollierter Rundensitzungen, die Einschreibung in Leistungsfahrschulen und die Nutzung von Sim-Racing und virtuellem Training können Fahrer ihre Fähigkeiten auf ganzheitliche Weise erheblich verbessern, indem sie sowohl theoretisches Wissen als auch praktische Anwendung unter einer Reihe von Fahrbedingungen und -szenarien abdecken.

Schlussfolgerung

Das Fahren auf der Rennstrecke ist ein aufregender und fähigkeitsintensiver Aspekt des Fahrens, der präzise Kontrolle, fundiertes Wissen und gründliche Vorbereitung erfordert. Durch die Beherrschung fortschrittlicher Fahrtechniken und die angemessene Vorbereitung auf die körperlichen und geistigen Anforderungen des Rennsports können die Fahrer sicher das aufregende Erlebnis genießen, ihre Fahrzeuge an die Grenzen zu bringen. Dieses Kapitel zielt darauf ab, Sie mit den grundlegenden Kenntnissen und Fähigkeiten für ein bereicherndes Fahrerlebnis auf der Rennstrecke auszustatten und sowohl Ihre Entwicklung als Fahrer als auch Ihre Wertschätzung für den Sport zu fördern.

Kapitel 7: Fahrzeugwartung und -einrichtung für optimales Fahren

Die ordnungsgemäße Wartung und Einrichtung des Fahrzeugs ist sowohl für die Leistung als auch für die Sicherheit von entscheidender Bedeutung. In diesem Kapitel werden wichtige Wartungspraktiken und Setup-Anpassungen behandelt, die Ihr Fahrerlebnis verbessern können, egal ob auf alltäglichen Straßen oder auf der Rennstrecke.

Grundlegende Wartung für Leistung und Sicherheit

Eine regelmäßige Wartung ist unerlässlich, um sicherzustellen, dass Ihr Fahrzeug sicher und effizient funktioniert. In diesem Abschnitt werden die wichtigsten Wartungsaufgaben hervorgehoben, die sich auf die Fahrleistung auswirken können.

Routinemäßige Inspektionen

Regelmäßige Fahrzeuginspektionen sind entscheidend, um sicherzustellen, dass alle Systeme korrekt und sicher funktionieren. So können Routinekontrollen erheblich zur Langlebigkeit und Sicherheit Ihres Fahrzeugs beitragen:

Bremsen: Überprüfen Sie Ihre Bremsbeläge regelmäßig auf Verschleiß und messen Sie die Dicke. Überprüfen Sie die Discs auf Riefen, Verformungen oder Beschädigungen. Testen Sie die Bremsflüssigkeit auf Feuchtigkeitsgehalt, da Bremsflüssigkeit, die Wasser absorbiert, zu einer Verringerung der Bremsleistung und einem möglichen Bremsversagen führen kann.

Reifen: Überprüfen Sie die Reifen auf Profiltiefe und stellen Sie sicher, dass sie den gesetzlichen Sicherheitsstandards entsprechen. Achten Sie auf

Anzeichen von ungleichmäßigem Verschleiß, die auf Ausrichtungs- oder Aufhängungsprobleme hinweisen können. Überprüfen Sie auch auf Schäden wie Schnitte, Ausbuchtungen oder Einstiche, die zu einem Platzer führen könnten.

Lichter: Stellen Sie sicher, dass alle Lichter und Signale ordnungsgemäß funktionieren, um die Sichtbarkeit und Kommunikation mit anderen Fahrern aufrechtzuerhalten. Dazu gehören Scheinwerfer, Bremslichter, Blinker und Notblinker.

Flüssigkeiten: Überprüfen Sie regelmäßig den Flüssigkeitsstand – einschließlich Motoröl, Kühlmittel, Servolenkung, Brems- und Getriebeöl. Niedrige Werte können auf Leckagen oder übermäßigen Verbrauch hinweisen, was zu Verschleiß oder Ausfall von Komponenten führen kann.

Ölwechsel und Flüssigkeitsstände

Die Aufrechterhaltung sauberer und ausreichend gefüllter Flüssigkeiten ist für den reibungslosen Betrieb und die Langlebigkeit von Fahrzeugsystemen unerlässlich:

Motoröl: Regelmäßige Ölwechsel sorgen für einen reibungslosen Betrieb Ihres Motors, indem sie bewegliche Teile schmieren, die Reibung verringern und die Motorkomponenten kühlen. Verschmutztes Öl oder zu wenig Öl kann zu erhöhtem Motorverschleiß, Überhitzung und vorzeitigem Motorausfall führen.

Bremsflüssigkeit: Die Bremsflüssigkeit sollte auf dem empfohlenen Niveau gehalten und gemäß dem Zeitplan des Herstellers gewechselt werden. Alte oder verunreinigte Bremsflüssigkeit kann zu Bremsversagen führen, insbesondere bei starker Beanspruchung, wie z. B. beim Fahren in bergigen Gebieten oder auf Rennstrecken.

Kühlmittel: Der Kühlmittelstand sollte regelmäßig überprüft werden. Das Kühlmittelsystem hält den Motor auf der optimalen Betriebstemperatur. Niedrige Kühlmittelstände können zu Überhitzung führen, während altes oder verunreinigtes Kühlmittel Korrosion und Ablagerungen im Kühlsystem verursachen kann.

Getriebeöl: Die Aufrechterhaltung des richtigen Füllstands und Zustands des Getriebeöls ist für den reibungslosen Betrieb und die Haltbarkeit des Getriebes von entscheidender Bedeutung. Wie Motoröl hilft es, die beweglichen Teile des Getriebes zu schmieren und die Überhitzung zu verhindern.

Reifenpflege

Reifen sind eine wichtige Sicherheitskomponente eines jeden Fahrzeugs und beeinflussen das Handling und Bremsen erheblich:

Profiltiefe: Reifen mit ausreichender Profiltiefe bieten eine bessere Traktion und sind entscheidend für sicheres Fahren bei widrigen Wetterbedingungen. Die gesetzliche Mindestprofiltiefe variiert je nach Land, liegt aber in der Regel zwischen 1,6 mm und 2 mm.

Verschleißmuster: Durch die Überprüfung von Verschleißmustern können andere Fahrzeugprobleme diagnostiziert werden. Ungleichmäßiger Reifenverschleiß kann beispielsweise auf Ausrichtungsprobleme, unsachgemäßes Aufpumpen oder Probleme mit Aufhängungskomponenten hinweisen.

Druck: Die Aufrechterhaltung des richtigen Reifendrucks ist für die Sicherheit, das Handling, die Kraftstoffeffizienz und die Langlebigkeit Ihrer Reifen unerlässlich. Reifen mit zu geringem Luftdruck können überhitzen und zu Reifenschäden führen, während Reifen mit zu hohem Luftdruck die Traktion verringern und den Verschleiß erhöhen können.

Durch regelmäßige Inspektionen und Wartungen von Flüssigkeiten, Reifen und anderen kritischen Fahrzeugsystemen können Fahrer eine optimale Leistung sicherstellen, die Lebensdauer ihres Fahrzeugs verlängern und vor allem die Sicherheit auf der Straße gewährleisten.

Einrichten Ihres Fahrzeugs für Leistung und defensives Fahren

Die Anpassung des Setups Ihres Fahrzeugs kann sich erheblich auf die Fahreigenschaften und die Sicherheit auswirken. In diesem Abschnitt werden verschiedene Setup-Anpassungen untersucht, die auf unterschiedliche Fahrstile und -bedingungen zugeschnitten sind.

Fahrwerks-Tuning

Die Fahrwerksabstimmung ist entscheidend, um die beste Leistung eines Fahrzeugs zu erzielen, insbesondere in Renn- oder Performance-Fahrszenarien. Die richtige Anpassung der Federungseinstellungen kann das Fahrverhalten und den Reifenverschleiß eines Fahrzeugs drastisch verbessern:

Sturz, Nachlauf und Spur: Dies sind die kritischen Ausrichtungseinstellungen, die für eine optimale Leistung optimiert werden müssen.

- **Der Sturz** ist der Winkel der Räder relativ zum Boden. Positiver Sturz (Oberseite des Rades kippt nach außen) kann die Stabilität erhöhen, während negativer Sturz (Oberseite des Rades kippt nach innen) den Grip in Kurven verbessern kann. Die richtige Balance hängt vom Fahrzeug und der Fahrweise ab.
- **Nachlauf** ist der Winkel der Lenkachse von der Seite des Fahrzeugs betrachtet. Eine

Erhöhung des Nachlaufs kann die Stabilität bei hohen Geschwindigkeiten und die Kurveneffektivität verbessern.

- **Die Spur** bezieht sich auf die Richtung, in die die Reifen relativ zur Mittellinie des Fahrzeugs zeigen. Die Vorspur (vorne die Reifen näher beieinander als die hinten) kann die Stabilität beim Beschleunigen verbessern, während die Vorspur (vorne die Reifen weiter auseinander als hinten) das Einlenken in Kurven verbessern kann.

Anpassung an die Bedingungen: Die Federungseinstellungen müssen möglicherweise basierend auf den Streckenbedingungen, dem erwarteten Wetter und dem spezifischen Fahrstil angepasst werden. Professionelle Setups beinhalten oft dynamische Anpassungen, die während des Rennens vorgenommen werden können, um sich an wechselnde Bedingungen anzupassen.

Bremsen-Upgrades

Die Verbesserung des Bremssystems eines Fahrzeugs ist ein entscheidendes Upgrade für alle, die im Leistungsverkehr tätig sind oder einfach nur eine bessere Bremskraft und Zuverlässigkeit wünschen:

Bremsbeläge: Durch die Aufrüstung auf Hochleistungsbremsbeläge kann die Bremseffizienz deutlich verbessert werden. Diese Beläge sind für höhere Temperaturen ausgelegt und bieten mehr Bremskraft, ohne zu verblassen.

Rotoren: Verbesserte Rotoren, wie geschlitzte oder gebohrte Rotoren, können ebenfalls bei Leistungseinstellungen helfen. Diese Rotoren sind so konzipiert, dass sie die Wärme effektiver ableiten, was die Wahrscheinlichkeit eines Verziehens bei starker Beanspruchung verringert und dazu beiträgt, die Bremsleistung bei längerer Belastung aufrechtzuerhalten.

Bremsflüssigkeit: Hochleistungs-Bremsflüssigkeiten mit einem höheren Siedepunkt können das Ausbleichen der Bremse bei intensiver Beanspruchung verhindern. Dieses Upgrade ist besonders nützlich in Rennszenarien, in denen die Bremsen extremen Temperaturen ausgesetzt sind.

Bremsleitungen: Das Ersetzen von Standard-Gummibremsleitungen durch Edelstahlgeflechtleitungen kann das Pedalgefühl und das Bremsverhalten verbessern, da sie unter Druck weniger anfällig für Ausdehnungen sind.

Gewichtsverteilung

Die Optimierung der Gewichtsverteilung ist der Schlüssel zur Maximierung der Fahreigenschaften und der Stabilität eines Fahrzeugs, insbesondere im Hochleistungsverkehr:

Anpassen der Last: Die Platzierung des Gewichts innerhalb eines Fahrzeugs wirkt sich auf sein

Fahrverhalten aus. Die Verlagerung des Gewichts in die Mitte oder nach unten im Fahrzeug kann die Stabilität und das Handling verbessern. Beispielsweise kann die Neupositionierung der Batterie nach hinten oder die Verwendung eines niedrigeren Befestigungspunkts für den Kraftstofftank dazu beitragen, ein frontlastiges Auto auszugleichen.

Ballast: Das Hinzufügen von Ballast in bestimmten Bereichen eines Fahrzeugs kann die Gewichtsverteilung verbessern. Dies ist besonders nützlich im Rennsport, um die Gewichtsanforderungen zu erfüllen oder das Auto für eine bessere Symmetrie im Handling auszubalancieren.

Fahrwerksanpassungen: Die Abstimmung des Fahrwerks wirkt sich nicht nur auf die Fahr- und Fahreigenschaften aus, sondern kann auch die Gewichtsverteilung beeinflussen. Die Anpassung der Federraten und Dämpfereinstellungen kann dazu beitragen, ein ausgewogeneres Gewicht über die Reifen hinweg zu erreichen und den Grip und die Leistung in Kurven zu verbessern.

Fahrerpositionierung: Auch die Position des Fahrers kann die Gewichtsverteilung beeinflussen. In kundenspezifischen Setups können die Sitze verschoben werden, um diese Balance zu optimieren, insbesondere bei Einsitzerformaten.

Durch die strategische Implementierung von Fahrwerksabstimmungen, Bremsen-Upgrades und die Optimierung der Gewichtsverteilung können Fahrer die Leistung, Sicherheit und Reaktionsfähigkeit ihrer Fahrzeuge auf der Rennstrecke oder auf der Straße erheblich verbessern.

Grundlegendes zu Reifen, Bremsen und Aufhängungseinstellungen

Reifen, Bremsen und Aufhängung gehören zu den kritischsten Komponenten, die die Fahrdynamik eines Fahrzeugs beeinflussen. In diesem Abschnitt wird erläutert, wie Anpassungen an diesen Komponenten die Fahrleistung verbessern können.

Reifenauswahl und -wartung

Die Auswahl der richtigen Reifen und deren ordnungsgemäße Wartung sind entscheidend für die Sicherheit, Leistung und Effizienz Ihres Fahrzeugs. So gehen Sie an die Reifenauswahl und -wartung heran:

Die Wahl der richtigen Reifen:

- **Fahrbedürfnisse**: Berücksichtigen Sie Ihre typischen Fahrbedingungen. Für das tägliche

Fahren sind Ganzjahresreifen möglicherweise die beste Wahl, da sie ein Gleichgewicht zwischen Nass- und Trockenleistung und Traktion auf Schnee bieten. Für Regionen mit schweren Winterbedingungen sind spezielle Winterreifen unerlässlich. Wenn Sie an Trackdays oder Performance-Fahrten teilnehmen, sollten Sie Hochleistungsreifen in Betracht ziehen, die höhere Geschwindigkeiten bewältigen und mehr Grip bieten.

- **Reifenspezifikationen**: Stellen Sie sicher, dass die von Ihnen ausgewählten Reifen die für Ihr Fahrzeug erforderlichen Spezifikationen erfüllen, einschließlich Größe, Tragfähigkeit und Geschwindigkeitsbewertung. Diese Spezifikationen finden Sie in der Regel in der Bedienungsanleitung Ihres Fahrzeugs oder auf einem Schild in der Fahrertür.

Wartung der Reifen:

- **Regelmäßige Inspektionen**: Überprüfen Sie auf Verschleißerscheinungen wie Profiltiefe, sichtbare Schäden oder unregelmäßige Verschleißmuster. Ersetzen Sie die Reifen, wenn die Profiltiefe unter 2/32 Zoll liegt, oder früher, wenn vom Hersteller empfohlen.
- **Druckkontrollen**: Überprüfen Sie regelmäßig den Reifendruck und stellen Sie ihn gemäß den Herstellerangaben ein. Das richtige Aufpumpen ist entscheidend für eine optimale Reifenleistung, Sicherheit und Kraftstoffeffizienz.
- **Rotation und Ausrichtung**: Wenn Sie Ihre Reifen regelmäßig nach dem vom Hersteller empfohlenen Muster drehen, können Sie deren Lebensdauer verlängern und ungleichmäßigen Verschleiß verhindern. Stellen Sie außerdem sicher, dass die Ausrichtung Ihres Fahrzeugs regelmäßig überprüft wird, insbesondere wenn Sie einen

ungleichmäßigen Reifenverschleiß bemerken oder wenn das Fahrzeug zur Seite zieht.

Wartung des Bremssystems

Die Wartung des Bremssystems Ihres Fahrzeugs ist für die Sicherheit unerlässlich, insbesondere unter stark beanspruchten Fahrbedingungen wie Rennen oder starkem Verkehr.

Regelmäßige Inspektion: Überprüfen Sie Ihre Bremsen in regelmäßigen Abständen oder wenn Sie Symptome wie vermindertes Ansprechverhalten, längere Bremswege oder seltsame Geräusche beim Bremsen bemerken. Überprüfen Sie Bremsbeläge, Rotoren und Bremssättel auf Verschleiß und Beschädigungen.

Bremsbeläge und Bremsscheiben: Ersetzen Sie die Bremsbeläge, bevor sie sich auf die vom Hersteller empfohlene Mindestdicke abnutzen.

Erwägen Sie ein Upgrade auf Bremsbeläge mit höherer Leistung, wenn Sie eine bessere Leistung benötigen oder regelmäßig unter anspruchsvollen Bedingungen fahren. Ebenso sollten Rotoren auf Verschleiß, Dickenschwankungen und Verzug überprüft und bei Bedarf neu beschichtet oder ausgetauscht werden.

Bremsflüssigkeit: Bremsflüssigkeit sollte in vom Fahrzeughersteller angegebenen Intervallen ausgetauscht werden, da sie mit der Zeit Feuchtigkeit aufnimmt, was ihre Wirksamkeit verringern und zum Versagen der Bremse führen kann. Verwenden Sie eine hochwertige Flüssigkeit, die die Herstellerspezifikationen erfüllt oder übertrifft, insbesondere wenn das Fahrzeug für Hochleistungsfahrten verwendet wird.

Bremsleitungen: Überprüfen Sie die Bremsleitungen auf Verschleißerscheinungen, Undichtigkeiten oder Beschädigungen. Erwägen Sie ein Upgrade auf geflochtene Edelstahlleinen, um eine bessere Haltbarkeit und ein verbessertes Pedalgefühl zu erzielen.

Einstellungen der Federung

Die Anpassung der Federungseinstellungen Ihres Fahrzeugs kann sowohl den Komfort als auch das Ansprechverhalten verbessern und das Fahrzeug an unterschiedliche Fahrbedingungen anpassen.

Fahrwerkskomponenten verstehen:

- **Federrate**: Die Federsteifigkeit bestimmt, wie stark die Federn unter Last zusammengedrückt werden. Weichere Federn könnten für das tägliche Fahren komfortabler sein, während steifere Federn das Handling verbessern, indem sie die Wankneigung der Karosserie bei Kurvenfahrten reduzieren.
- **Dämpfung**: Stoßdämpfer steuern die Geschwindigkeit, mit der die Federn zusammengedrückt und gedehnt werden.

Einstellbare Stoßdämpfer können auf unterschiedliche Bedingungen abgestimmt werden, weicher für Komfort und steifer für Performance-Fahren.

Anpassung an Bedingungen:

- **Verwendung auf der Rennstrecke**: Für Trackdays möchten Sie möglicherweise steifere Einstellungen, um die Wankneigung der Karosserie zu reduzieren und die Stabilität bei hohen Geschwindigkeiten zu erhalten.
- **Komforteinstellungen**: Für das tägliche Fahren, insbesondere auf unebenen Straßen, sind weichere Einstellungen möglicherweise besser geeignet, um Unebenheiten zu absorbieren und die Fahrqualität zu verbessern.

Regelmäßige Anpassungen: Überprüfen und passen Sie Ihre Federungseinstellungen regelmäßig an, insbesondere wenn Sie Ihre Fahrweise ändern oder wenn sich das Fahrzeug anders zu verhalten scheint. Dies kann professionelle Setups mit Ausrichtung und Auswuchten beinhalten, um sicherzustellen, dass sich das Fahrzeug korrekt fährt.

Durch die sorgfältige Auswahl und Wartung Ihrer Reifen, die sorgfältige Wartung Ihres Bremssystems und die kluge Anpassung Ihrer Federungseinstellungen können Sie die Sicherheit, Leistung und den Komfort Ihres Fahrzeugs erheblich verbessern, um Ihren Fahrbedürfnissen und -bedingungen gerecht zu werden.

Praktische Übungen

Praktische Übungen zur Wartung und Abstimmung können dem Fahrer helfen, sein Fahrzeug besser zu verstehen und zu verstehen, wie sich verschiedene Änderungen auf die Fahrdynamik auswirken können.

DIY-Wartungswerkstätten

Die Teilnahme an DIY-Wartungsworkshops oder -kursen ist eine hervorragende Möglichkeit für Fahrzeugbesitzer, praktische Kenntnisse und Fähigkeiten in der grundlegenden Autowartung und Fehlerbehebung zu erwerben. So können Sie von diesen Workshops profitieren:

Entwicklung von Fähigkeiten: Diese Workshops vermitteln grundlegende Fähigkeiten wie Ölwechsel, Austausch von Bremsbelägen, Überprüfung des Flüssigkeitsstands, Reifenwechsel und Durchführung grundlegender elektrischer Fehlersuche. Das Erlernen dieser Fähigkeiten kann Ihnen Geld für die routinemäßige Wartung sparen und Ihnen ein tieferes Verständnis für die Funktionsweise Ihres Fahrzeugs vermitteln.

Praktische Erfahrung: Im Gegensatz zum Lesen eines Handbuchs oder zum Anschauen eines Tutorials bietet die Teilnahme an einem Workshop praktische Erfahrungen unter Anleitung erfahrener Fachleute. Diese praktische Erfahrung ist von unschätzbarem Wert, um Vertrauen aufzubauen, um Wartungsaufgaben selbst zu erledigen.

Tool-Vertrautheit: Workshops führen Sie auch in die Werkzeuge ein, die für verschiedene Wartungsaufgaben erforderlich sind. Wenn Sie lernen, diese Tools richtig zu verwenden, können Sie Ihre Effizienz steigern und sicherstellen, dass Sie Wartungsaufgaben sicher ausführen.

Networking: Die Teilnahme an einem Workshop ermöglicht es Ihnen, andere Autoenthusiasten und Fachleute zu treffen. Dieses Networking kann nützlich sein, um Wissen auszutauschen, Tipps auszutauschen und sogar Freundschaften zu schließen, die auf gemeinsamen Interessen an der Automobilpflege basieren.

Vorbereitung des Trackday-Fahrzeugs

Die Vorbereitung Ihres Fahrzeugs auf einen Trackday ist nicht nur für die Leistung, sondern auch für die Sicherheit von entscheidender Bedeutung. Folgendes beinhaltet die Vorbereitung normalerweise:

Sicherheitschecks: Sicherheit steht an einem Trackday an erster Stelle. Überprüfen Sie alle kritischen Systeme, einschließlich Bremsen, Reifen, Federung und Lenkung. Stellen Sie sicher, dass alle Komponenten in gutem Zustand sind und keine Undichtigkeiten vorhanden sind. Sicherheitsausrüstung wie Helme, Handschuhe und geeignete Kleidung sollten ebenfalls auf die Einhaltung der Streckenstandards überprüft werden.

Leistungsanpassungen: Trackdays belasten Fahrzeuge ungewöhnlich, daher können spezifische Anpassungen dazu beitragen, die

Leistung Ihres Autos zu optimieren. Dies kann die Abstimmung der Federung für ein besseres Handling, die Anpassung des Reifendrucks für optimalen Grip und die Sicherstellung, dass das Bremssystem der Aufgabe wiederholter harter Stopps gewachsen ist, umfassen.

Instructor Guidance: Viele Trackdays bieten die Möglichkeit, mit erfahrenen Instruktoren zusammenzuarbeiten. Sie können wertvolle Einblicke geben, wie Sie Ihr Auto speziell auf die Nuancen einer bestimmten Strecke abstimmen können, und Fahrtipps geben, die die Rundenzeiten verkürzen und die Sicherheit erhöhen können.

Fahrwerks-Tuning-Sessions

Die Zusammenarbeit mit einem Spezialisten bei der Abstimmung der Federung Ihres Autos kann sich erheblich auf das Handling und das Ansprechverhalten auswirken. So können diese

Tuning-Sessions Ihrem Fahrerlebnis zugute kommen:

Individuelle Einstellungen: Jedes Auto und jeder Fahrer ist einzigartig, und ein Spezialist kann Ihnen helfen, die Federungseinstellungen Ihres Fahrzeugs (wie Sturz-, Spur- und Nachlaufwinkel sowie Federraten und Dämpfung) an Ihren Fahrstil und die Anforderungen der Art des Fahrens anzupassen, die Sie am häufigsten ausführen, egal ob es sich um Straße, Rennstrecke oder Gelände handelt.

Handling-Verbesserungen: Eine richtig abgestimmte Federung kann die Fahreigenschaften eines Autos verändern. Es kann die Kurvenstabilität verbessern, die Wankneigung der Karosserie reduzieren, das Lenkverhalten verbessern und dem Auto im Allgemeinen ein gefestigteres und sichereres Gefühl auf der Straße oder Rennstrecke geben.

Erfahrungen aus erster Hand: Während einer Tuning-Sitzung haben Sie wahrscheinlich die Möglichkeit, Ihr Fahrzeug unter sicheren Bedingungen zu testen, um zu spüren, wie sich Anpassungen auf sein Verhalten auswirken. Diese Erfahrung ist von unschätzbarem Wert, um die Beziehung zwischen Fahrwerkseinstellungen und Fahrdynamik zu verstehen.

Lernmöglichkeit: Neben der Verbesserung Ihres Fahrzeugs bieten diese Sitzungen eine Lernmöglichkeit. Spezialisten können die Funktion jeder Komponente erklären und wie sich verschiedene Einstellungen auf die Leistung auswirken, um Ihnen ein besseres Gesamtverständnis der Fahrzeugdynamik zu vermitteln.

Durch die Teilnahme an DIY-Wartungsworkshops, die gründliche Vorbereitung auf Trackdays und die Teilnahme an Fahrwerkstuning-Sitzungen können Autoenthusiasten praktische Fähigkeiten erwerben, die Leistung und Sicherheit ihres Fahrzeugs verbessern und ein maßgeschneidertes und gebildeteres Fahrerlebnis genießen.

Schlussfolgerung

Die ordnungsgemäße Wartung und Einrichtung Ihres Fahrzeugs erhöht nicht nur die Sicherheit und Leistung, sondern verlängert auch die Lebensdauer des Fahrzeugs. Dieses Kapitel enthält eine umfassende Anleitung zu den Grundlagen der Fahrzeugwartung und Setup-Anpassungen. Durch die Anwendung dieser Prinzipien können Fahrer sicherstellen, dass ihr Fahrzeug ein zuverlässiger und effizienter Partner bei ihren Fahrbemühungen bleibt, egal ob sie sich im täglichen Verkehr bewegen oder einen Tag auf der Rennstrecke genießen.

Kapitel 8: Psychologie und physiologische Aspekte des Fahrens

Autofahren ist nicht nur eine körperliche, sondern auch eine zutiefst psychische Aufgabe. Das Verständnis der psychologischen und physiologischen Faktoren, die den Fahrer beeinflussen, kann sowohl die Sicherheit als auch die Leistung erheblich verbessern. Dieses Kapitel befasst sich mit verschiedenen psychologischen Elementen, Stressbewältigungsstrategien und Möglichkeiten zur Bekämpfung von Müdigkeit, um sicherzustellen, dass die Fahrer geistig und körperlich auf die Straße vorbereitet sind.

Stressbewältigung beim Autofahren

Autofahren kann oft eine Stressquelle sein, insbesondere bei hohem Verkehrsaufkommen oder auf langen Fahrten. Der Umgang mit diesem Stress ist entscheidend, um die Konzentration aufrechtzuerhalten und sichere Fahrentscheidungen zu treffen.

Stressauslöser erkennen

Wenn Sie verstehen und erkennen, was Stress während der Fahrt auslöst, können Sie Ihre Fähigkeit, ihn effektiv zu bewältigen, erheblich verbessern. So erkennst du häufige Stressauslöser und gehst damit um:

Häufige Auslöser:

- **Verkehrsstaus**: Starker Verkehr kann zu Frustration und Ungeduld führen.
- **Aggressive Fahrer**: Die Begegnung mit aggressiven oder rücksichtslosen Fahrern kann Angst und Stress verstärken.
- **Zu spät kommen**: Der Druck, zu spät zu kommen, kann dazu führen, dass Sie sich

gehetzt und angespannt fühlen, was sich auf das Fahrverhalten auswirken kann.

Verwalten von Reaktionen:

- **Bewusstsein**: Sich bewusst zu sein, welche Situationen Ihren Stress auslösen, ist der erste Schritt, um ihn zu bewältigen. Sobald Sie identifiziert sind, können Sie bewusste Schritte unternehmen, um diese Gefühle zu mildern.
- **Kontrollierte Reaktion**: Üben Sie, die Fassung zu bewahren, wenn Sie mit Stressauslösern konfrontiert werden. Wenn Sie beispielsweise durch Verkehrsstaus ängstlich werden, konzentrieren Sie sich auf Dinge, die Sie kontrollieren können, z. B. das Hören eines Podcasts oder eines Hörbuchs, um Ihre Aufmerksamkeit positiv abzulenken.

Entspannungstechniken

Die Implementierung von Entspannungstechniken kann erheblich dazu beitragen, den Stresspegel während der Fahrt zu reduzieren. Hier sind einige effektive Methoden:

Tiefes Atmen: Einfaches, aber effektives, tiefes Atmen hilft, den Geist zu beruhigen und Stress abzubauen. Atmen Sie langsam, tief ein, atmen Sie durch die Nase ein und durch den Mund aus. Dies kann helfen, Ihre Herzfrequenz zu senken und ein Gefühl der Ruhe zu fördern.

Beruhigende Musik: Das Hören von beruhigender Musik oder Klängen kann eine entspannende Wirkung auf Körper und Geist haben. Wählen Sie Musik, die Sie entspannend finden, die nicht zu fröhlich oder laut ist, da Musik mit hohem Tempo den Stress erhöhen kann.

Achtsamkeit: Achtsamkeit zu üben bedeutet, im Moment präsent zu bleiben und Ihre Umgebung und Gefühle ohne Urteil anzuerkennen. Dies kann Ihnen helfen, konzentriert und ruhig zu bleiben und Stress durch äußere Faktoren zu reduzieren.

Vorbereitung vor der Fahrt

Die richtige Vorbereitung vor Reiseantritt kann verhindern, dass sich Stress aufbaut. So bereiten Sie sich effektiv vor:

Routen im Voraus planen: Machen Sie sich vor Ihrer Abreise mit Ihrer Route vertraut. Verwenden Sie Apps, um die Verkehrslage zu überprüfen und bei Bedarf alternative Routen zu planen. Wenn Sie genau wissen, wohin Sie gehen, können Sie die Angst abbauen, sich zu verlaufen oder falsch abzubiegen.

Zusätzliche Reisezeit einplanen: Nehmen Sie sich genügend Zeit, um Ihr Ziel zu erreichen. Ein

Puffer kann den Stress des Zuspätkommens lindern, sodass Sie ruhiger fahren und bei Bedarf notwendige Pausen einlegen können.

Schaffung einer komfortablen Fahrumgebung: Stellen Sie Ihren Sitz für optimalen Komfort ein und sorgen Sie für ein angenehmes Klima in Ihrem Auto. Organisieren Sie den Innenraum so, dass alles, was Sie brauchen, wie Sonnenbrille oder Wasser, leicht erreichbar ist. Eine komfortable Einstellung kann Ihr Fahrerlebnis erheblich verbessern und Stress reduzieren.

Durch das Erkennen von Stressauslösern, die Implementierung von Entspannungstechniken und die gründliche Vorbereitung vor der Fahrt können Sie ein ruhigeres Auftreten hinter dem Lenkrad bewahren. Diese Strategien machen das Fahren nicht nur angenehmer, sondern auch sicherer, da Stress die Fahrleistung und Reaktionszeiten erheblich beeinträchtigen kann.

Die Auswirkungen von Müdigkeit und Strategien zu ihrer Bekämpfung

Die Ermüdung des Fahrers ist ein ernstes Problem, das die Fahrtüchtigkeit erheblich beeinträchtigen kann, indem es die Reaktionszeit verlangsamt, die Entscheidungsfindung beeinträchtigt und die Aufmerksamkeit verringert. Zu verstehen, wie man Müdigkeit erkennt und bekämpft, ist für sicheres Fahren unerlässlich.

Symptome der Fahrermüdigkeit

Wenn Sie in der Lage sind, die frühen Anzeichen von Müdigkeit zu erkennen, können Sie Maßnahmen ergreifen, bevor Ihre Fahrtüchtigkeit beeinträchtigt wird. Häufige Symptome sind:

- **Gähnen**: Häufiges Gähnen ist ein klares Zeichen dafür, dass Ihr Körper versucht, wach und aufmerksam zu bleiben.

- **Schwere Augenlider und häufiges Blinzeln**: Schwierigkeiten, die Augen offen zu halten, und eine erhöhte Blinzelfrequenz sind Indikatoren für Müdigkeit.
- **Häufiges Driften der Fahrspur**: Schwierigkeiten, das Fahrzeug in der Spur zu halten, und ständige Korrekturen können ein Zeichen für verminderte Konzentration und Wachsamkeit sein.
- **Gedächtnislücken**: Versäumnis, sich an die letzten gefahrenen Kilometer zu erinnern oder Ausfahrten und Verkehrsschilder zu verpassen.
- **Unruhe und Reizbarkeit**: Gefühle von Unbehagen und Unruhe können ebenfalls auf Müdigkeit hinweisen.

Präventivmaßnahmen

Die Umsetzung von Strategien zur Vermeidung von Ermüdung ist von entscheidender Bedeutung, insbesondere vor und während langer Fahrten.

Hier sind einige wirksame Maßnahmen:

- **Ausreichender Schlaf**: Stellen Sie sicher, dass Sie mindestens 7-8 Stunden guten Schlaf bekommen, bevor Sie sich auf eine lange Fahrt begeben. Gut ausgeruht zu sein, hilft, wachsam und konzentriert zu bleiben.
- **Regelmäßige Pausen**: Machen Sie bei langen Fahrten regelmäßige Pausen, idealerweise alle zwei Stunden oder alle 100 Meilen. Nutzen Sie diese Zeit, um sich zu dehnen, herumzulaufen und sich zu erfrischen.
- **Vermeiden Sie schwere Mahlzeiten und Beruhigungsmittel:** Das Essen schwerer Mahlzeiten vor oder während der Fahrt kann die Müdigkeit erhöhen, da Ihr Körper Blut in das Verdauungssystem umleitet. Vermeiden Sie auch Alkohol und Medikamente, die beruhigend wirken, es sei denn, sie werden verschrieben und Sie sind sich sicher, dass sie sich auf Ihre Fahrtüchtigkeit auswirken.

- **Flüssigkeitszufuhr und leichte Snacks**: Bleiben Sie hydratisiert und entscheiden Sie sich für leichte, gesunde Snacks wie Obst, Nüsse und Müsliriegel anstelle von großen, schweren Mahlzeiten. Leichtere Lebensmittel sind leichter verdaulich und können helfen, das Energieniveau aufrechtzuerhalten.
- **Koffein in Maßen**: Koffein kann helfen, die Wachsamkeit vorübergehend zu erhöhen. Der Konsum einer kleinen Menge Koffein, wie z. B. einer Tasse Kaffee oder Tee, kann Ihnen helfen, wachsam zu bleiben. Man sollte sich jedoch nicht darauf verlassen, dass es starke Müdigkeit abwehrt.

Technologische Hilfsmittel zur Bewältigung der Ermüdung des Fahrers und zur Erhöhung der Sicherheit

Fortschritte in der Fahrzeugtechnologie haben erheblich zur Verbesserung der

Verkehrssicherheit beigetragen, indem sie den Fahrern geholfen haben, mit Müdigkeit umzugehen und ein konsistentes Fahrverhalten aufrechtzuerhalten. So können diese technologischen Hilfsmittel von Vorteil sein: Systeme zur Überwachung der Wachsamkeit

Überblick: Wachsamkeitsüberwachungssysteme wurden entwickelt, um Anzeichen von Müdigkeit oder verminderter Aufmerksamkeit des Fahrers zu erkennen. Diese Systeme überwachen in der Regel die Verhaltensmuster des Fahrers, wie z. B. Lenkradbewegungen, Spurwechsel und Augenaktivität, um Anzeichen von Schläfrigkeit oder Unaufmerksamkeit zu erkennen.

Funktionalität:

- **Lenkanalyse**: Einige Systeme analysieren das Lenkverhalten und suchen nach unberechenbaren Bewegungen oder Bewegungsmangel, die darauf hindeuten könnten, dass der Fahrer die Konzentration verliert oder einschläft.

- **Gesichtserkennung**: Kameras im Fahrzeug können Augen- und Kopfbewegungen verfolgen. Wenn das System erkennt, dass der Fahrer häufig die Augen schließt oder längere Zeit nicht auf die Straße schaut, kann es Warnungen auslösen.
- **Physiologische Monitore**: Fortschrittlichere Systeme können sogar die Herzfrequenz oder andere physiologische Indikatoren überwachen, die mit Müdigkeit korrelieren.

Warnungen: Wenn Anzeichen von Müdigkeit erkannt werden, warnen diese Systeme den Fahrer in der Regel mit einem akustischen Alarm, einer Vibration im Sitz oder Lenkrad oder visuellen Erinnerungen auf dem Armaturenbrett, eine Pause einzulegen.
Adaptive Geschwindigkeitsregelung

Überblick: Die adaptive Geschwindigkeitsregelung (ACC) ist eine

Erweiterung des herkömmlichen Tempomatsystems, die die Geschwindigkeit des Fahrzeugs automatisch anpasst, um einen sicheren Abstand zum vorausfahrenden Fahrzeug einzuhalten. Diese Funktion ist besonders nützlich bei langen Fahrten, die zur Ermüdung des Fahrers beitragen können.

Vorteile:

- **Einhaltung sicherer Abstände**: ACC steuert Gas und Bremsen, um einen konstanten Abstand zum vorausfahrenden Fahrzeug einzuhalten, die Arbeitsbelastung des Fahrers zu verringern und sich mehr auf die Lenkung und Straßenüberwachung zu konzentrieren.
- **Reduzierung der Notwendigkeit ständiger Anpassungen**: Diese Technologie verringert die Notwendigkeit für den Fahrer, die Geschwindigkeit als Reaktion auf Verkehrsänderungen ständig anzupassen,

was geistig anstrengend sein und zur Ermüdung beitragen kann.

Kombination von Technologien für mehr Sicherheit Viele moderne Fahrzeuge integrieren mehrere dieser Technologien, um ein umfassendes Sicherheitssystem zu schaffen. So kann beispielsweise die Kombination von Wachsamkeitsüberwachung mit adaptiver Geschwindigkeitsregelung und Spurhalteassistent die Belastung des Fahrers erheblich reduzieren, ein höheres Maß an Aufmerksamkeit aufrechterhalten und das Risiko von Unfällen aufgrund von Müdigkeit verringern.

Integration mit mobilen Geräten: Einige Systeme lassen sich auch in Smartphones oder Smartwatches integrieren, um den physiologischen Zustand zu überwachen oder es dem Fahrer zu ermöglichen, Erinnerungen an Pausen basierend auf der Fahrzeit oder den von den Fahrzeugsystemen erkannten Anzeichen von

Müdigkeit festzulegen.

Bildungs- und Feedback-Tools: Einige Fahrzeuge geben Feedback zu Fahrmustern, schlagen vor, wann eine Pause eingelegt werden sollte, oder geben Tipps zur Verbesserung der Fahrgewohnheiten, um ermüdungsbedingte Risiken zu verringern.

Durch die Nutzung dieser technologischen Hilfsmittel können Fahrer ihre Fähigkeit, mit Müdigkeit umzugehen und die Sicherheit auf den Straßen aufrechtzuerhalten, erheblich verbessern. Diese Tools helfen nicht nur, den Fahrer wachsam zu halten, sondern spielen auch eine entscheidende Rolle beim Ausgleich vorübergehender Aufmerksamkeitslücken und verhindern so potenzielle Unfälle.

Fokus- und Konzentrationstechniken

Es ist wichtig, den Fokus zu behalten, insbesondere bei längeren Zeiträumen hinter dem Steuer oder unter schwierigen Fahrbedingungen.

Kognitive Trainingsübungen

Die Verbesserung kognitiver Funktionen wie Gedächtnis, Aufmerksamkeit und visuelle Verarbeitung ist entscheidend für Fahrer, die ein hohes Maß an Konzentration aufrechterhalten müssen, insbesondere über lange Zeiträume oder in anspruchsvollen Fahrsituationen. Hier sind einige kognitive Trainingsübungen, die helfen können:

Memory-Spiele: Nehmen Sie an Spielen und Aktivitäten teil, die Ihr Gedächtnis herausfordern, z. B. das Erinnern von Wortlisten oder Details aus Ihrer Umgebung während der Fahrt. Diese können abseits der Straße geübt werden und helfen Ihnen, sich schnell an Verkehrsschilder und Navigationsdetails zu erinnern.

Aufmerksamkeitstraining: Übungen, die anhaltende Aufmerksamkeit erfordern, können helfen, Ihre Konzentration zu verbessern. Probieren Sie Aktivitäten aus, wie z. B. einem Gespräch in einem Podcast zu folgen, während Sie bestimmte Details notieren, oder verwenden Sie Apps, die die Aufmerksamkeit bei verschiedenen Aufgaben verbessern.

Übungen zur visuellen Verarbeitung: Schnelle Videospiele oder Apps, bei denen mehrere Objekte gleichzeitig verfolgt werden müssen, können Ihre visuellen Verarbeitungsfähigkeiten verbessern. Diese Aktivitäten helfen bei der schnellen Verarbeitung und Reaktion auf Informationen, was bei hohen Geschwindigkeiten oder in belebten Umgebungen von entscheidender Bedeutung ist.

Kopfrechnen: Üben Sie, während der Fahrt Berechnungen in Ihrem Kopf durchzuführen, z. B. die Ankunftszeit zu schätzen oder bestimmte Fahrzeugtypen zu zählen. Dies hält das Gehirn beschäftigt und verbessert die allgemeine geistige Beweglichkeit.

Aktives Engagement

Die aktive Beteiligung am Fahrprozess kann das Unfallrisiko erheblich reduzieren, indem sichergestellt wird, dass die Aufmerksamkeit des Fahrers konsequent auf die Straße gerichtet ist. Hier sind einige Techniken, um das Engagement beim Fahren zu verbessern:

Regelmäßige Umgebungsbewertung: Scannen Sie regelmäßig die Fahrumgebung, einschließlich Spiegel, um eine mentale Karte des umgebenden Verkehrs zu erhalten. Dazu gehört das Notieren von Positionen von Autos in der Nähe, Fußgängern und potenziellen Gefahren, was dazu beiträgt, das

Situationsbewusstsein aufrechtzuerhalten.

Haltungskontrollen: Überprüfen und korrigieren Sie regelmäßig Ihre Körperhaltung während der Fahrt. Die richtige Fahrhaltung kann Ermüdung vorbeugen und Sie wachsam halten. Stellen Sie Ihren Sitz und Ihr Lenkrad so ein, dass Sie eine bequeme, aufrechte Position einnehmen, in der alle Bedienelemente leicht erreichbar sind.

Engagement-Routinen: Entwickeln Sie Routinen, bei denen Sie aktiv mit dem Fahrprozess interagieren müssen. Zum Beispiel kann das Verbalisieren von Beobachtungen über den Verkehr oder die Straßenbedingungen helfen, den Fokus zu behalten und ein Abschweifen der Gedanken zu verhindern.

Ablenkungen begrenzen

Die Minimierung von Ablenkungen im Fahrzeug ist für ein sicheres Fahren unerlässlich. So reduzieren

Sie effektiv Ablenkungen im Fahrzeug:

Mobiltelefone: Stellen Sie Ihr Telefon während der Fahrt in den Modus "Nicht stören", um Ablenkungen durch eingehende Anrufe oder Nachrichten zu vermeiden. Wenn Sie in Notfällen erreichbar sein müssen, verwenden Sie Freisprecheinrichtungen und Sprachbefehle, um die physische Interaktion mit dem Gerät zu minimieren.

Voreinstellungssysteme: Passen Sie alle Fahrzeugsysteme wie Klimaanlage, Sitzverstellung, Spiegel und Unterhaltungseinstellungen an, bevor Sie Ihre Fahrt beginnen. Dies reduziert die Notwendigkeit, während der Fahrt Anpassungen vorzunehmen, die Ihre Aufmerksamkeit von der Straße ablenken können.

Organisieren Sie Ihren Raum: Halten Sie den Innenraum Ihres Fahrzeugs organisiert. Stellen Sie sicher, dass alle benötigten Gegenstände leicht zugänglich und sicher platziert sind, damit sie sich während der Fahrt nicht verschieben. Dadurch wird verhindert, dass Sie nach herabfallenden Gegenständen greifen müssen, die Ihre Augen von der Straße ablenken können.

Psychologische Konditionierung für Fahrer

Die Entwicklung einer Denkweise, die sicheres und effizientes Fahren fördert, erfordert eine psychologische Konditionierung, die die Leistung und Sicherheit auf der Straße verbessern kann. Dies ist für alle Fahrer von entscheidender Bedeutung, vom Anfänger bis zum erfahrenen Profi. So können Fahrer ihren Geist für besseres Fahren konditionieren:

Mentale Probe und Visualisierung

Technik: Visualisierung ist ein leistungsstarkes

Werkzeug, bei dem Fahrszenarien mental simuliert werden, um sich auf reale Fahrerlebnisse vorzubereiten. Diese Technik wird von Sportlern ausgiebig eingesetzt und kann für Fahrer gleichermaßen effektiv sein.

Anwendung: Verbringen Sie regelmäßig Zeit damit, verschiedene Fahrsituationen zu visualisieren, z. B. das Überqueren komplexer Kreuzungen, das Reagieren auf ein Notbremsszenario oder den Umgang mit widrigen Wetterbedingungen. Stellen Sie sich vor, wie Sie diese Situationen ruhig und effizient bewältigen.

Vorteile: Die Visualisierung hilft, einen mentalen Plan zu erstellen, der Sie besser vorbereitet und selbstbewusster macht, wenn Sie während der Fahrt mit ähnlichen Situationen konfrontiert werden. Es erhöht die Bereitschaft und verkürzt die Reaktionszeiten erheblich, da der Verstand bereits mit den Maßnahmen vertraut ist, die er ausführen muss.

Konditionierung der Einstellung

Fokus: Die Entwicklung einer positiven Fahreinstellung, die Geduld, Vorsicht und Verantwortung betont, ist unerlässlich. Diese Einstellung kann durch kontinuierliche Selbstreflexion und Engagement für sichere Fahrpraktiken gefördert werden.

Strategien:

- **Geduld**: Erinnern Sie sich an die Unberechenbarkeit der Straßenbedingungen und des Verhaltens anderer Fahrer. Üben Sie sich in Geduld, indem Sie zusätzliche Zeit für Ihre Fahrten einplanen und nicht negativ auf Verkehrsverzögerungen oder unhöfliche Fahrer reagieren.
- **Vorsicht**: Gehen Sie das Fahren immer mit einer Einstellung an, die Sicherheit über Geschwindigkeit oder Komfort stellt. Dazu gehören die Einhaltung von

Geschwindigkeitsbegrenzungen, das Einhalten angemessener Abstände und die Wachsamkeit gegenüber Ihrer Umgebung.

- **Verantwortung**: Erkennen Sie, dass jede Entscheidung, die Sie im Straßenverkehr treffen, nicht nur Ihre Sicherheit, sondern auch die Sicherheit anderer beeinflusst. Verpflichten Sie sich zu verantwortungsbewusstem Fahren, indem Sie Ablenkungen vermeiden, niemals unter Alkohol- oder Drogeneinfluss fahren und die Verkehrsregeln befolgen.

Emotionale Kontrolle

Wichtigkeit: Der Umgang mit Emotionen ist beim Autofahren von entscheidender Bedeutung, da negative Emotionen wie Wut oder Frustration zu riskantem Fahrverhalten wie Aggression und Wut führen können.

Techniken:

- **Atemübungen**: Wenn Sie spüren, dass die emotionale Spannung steigt, verwenden Sie tiefe Atemtechniken, um sich zu beruhigen. Atmen Sie tief und langsam ein, um Stress abzubauen und klareres Denken zu ermöglichen.
- **Positive Selbstgespräche**: Verwenden Sie positive Affirmationen oder Selbstgespräche, um Stress zu bewältigen und Ihre Emotionen selbst zu regulieren. Erinnern Sie sich daran, wie wichtig es ist, ruhig und konzentriert auf die Straße zu bleiben.
- **Deeskalationspraktiken**: Wenn Sie sich über die Handlungen eines anderen Fahrers aufregen, üben Sie Deeskalation, indem Sie sich auf Ihr eigenes Fahren konzentrieren und beruhigende Musik oder ein Hörbuch hören.

Indem Sie psychologische Konditionierung in Ihre Fahrgewohnheiten integrieren, einschließlich mentaler Probe und Visualisierung, Einstellungskonditionierung und emotionaler Kontrolle, verbessern Sie Ihre Fähigkeit, sicher und effizient zu fahren. Diese Praktiken tragen dazu bei, eine Denkweise zu formen, die nicht nur die physischen Aspekte des Fahrens, sondern auch die psychologischen Herausforderungen beherrscht, was zu einem umfassenderen Ansatz für sicheres Fahren führt.

Praktische Übungen

Die praktische Anwendung psychologischer und physiologischer Strategien kann ihre Wirksamkeit erheblich steigern.

Workshops zum Stressabbau

Die Teilnahme an Workshops zum Stressabbau kann für Fahrer, die ihre Fähigkeit, Stress effektiv zu bewältigen, verbessern möchten, sehr vorteilhaft sein, insbesondere in herausfordernden Fahrsituationen. So können diese Workshops helfen:

Workshop-Inhalte: Diese Workshops behandeln in der Regel verschiedene Stressbewältigungstechniken, darunter Entspannungsübungen, Achtsamkeitspraktiken und Strategien zum Erkennen und Ansprechen von Stressauslösern. Der Schwerpunkt liegt auf Techniken, die speziell während der Fahrt angewendet werden können, wie z. B. Atemübungen oder kognitive Reframing-Methoden zur Bewältigung von Wut im Straßenverkehr oder Angst vor Verkehrsbedingungen.

Anwendung: Durch die Anwendung dieser Techniken können Fahrer lernen, Ruhe und Klarheit des Geistes zu bewahren, was entscheidend ist, um in dynamischen Fahrumgebungen schnell und effizient fundierte Entscheidungen zu treffen.

Vorteile: Regelmäßiges Üben der erlernten Techniken kann dazu beitragen, den allgemeinen Stresspegel zu reduzieren, nicht nur während der Fahrt, sondern auch im täglichen Leben, was zu einer verbesserten psychischen Gesundheit und einem verbesserten Wohlbefinden führt.

Fatigue Management Seminare

Müdigkeit ist ein wesentlicher Faktor bei vielen Fahrzeugunfällen, und die Teilnahme an Seminaren zum Ermüdungsmanagement kann den Fahrer mit dem notwendigen Wissen und den Werkzeugen ausstatten, um Müdigkeit effektiv zu bekämpfen.

Seminarfokus: Diese Seminare behandeln häufig die physiologischen und psychologischen Aspekte von Müdigkeit, die mit ermüdetem Fahren verbundenen Risiken und praktische Strategien zur Bewältigung und Vorbeugung von Müdigkeit. Themen können die Bedeutung der Schlafhygiene, die Rolle von Ernährung und Bewegung sowie der

Einsatz von Technologie und Planungstools zur Optimierung der Wachsamkeit sein.

Neueste Forschung und Tools: Die Teilnehmer können sich über die neuesten Forschungsergebnisse zur Schlafwissenschaft und zum zirkadianen Rhythmus sowie über neue Tools und Technologien informieren, die entwickelt wurden, um den Müdigkeitsgrad zu überwachen und Fahrer zu warnen, wenn ihre Wachsamkeit beeinträchtigt ist.

Umsetzung: Das Verständnis der Anzeichen von Müdigkeit und das Wissen, wie man angemessen reagiert, kann das Risiko von ermüdungsbedingten Vorfällen auf der Straße erheblich reduzieren.

Übungen zur Fokusverbesserung

Konzentrationsfördernde Übungen, insbesondere solche, die in Fahrsimulatoren geübt werden, eignen sich hervorragend, um die Konzentration und Reaktionsfähigkeit eines Fahrers unter verschiedenen Fahrbedingungen zu verbessern.

Fahrsimulatoren: Simulatoren können eine Vielzahl von Fahrszenarien nachbilden, die im wirklichen Leben möglicherweise nicht sicher oder praktisch erlebt werden können. Diese kontrollierte Umgebung ermöglicht es den Fahrern, zu üben, sich inmitten von Ablenkungen oder Situationen mit hohem Druck wie schlechtem Wetter oder Notfallmanövern zu konzentrieren.

Übungen: Konzentrationsfördernde Übungen können Aufgaben umfassen, die anhaltende Aufmerksamkeit erfordern, wie z. B. das Navigieren auf komplexen Strecken bei gleichzeitiger Verwaltung der Kommunikation mit einem Disponenten, oder körperlich anstrengendere Aktivitäten wie das Steuern eines Fahrzeugs mit hoher Geschwindigkeit in einer Rennsimulation.

Vorteile: Diese Übungen helfen, die geistige Beweglichkeit, die Reaktionszeiten und die Fähigkeit, mehrere Aufgaben gleichzeitig zu bewältigen, zu verbessern. Sie helfen den Fahrern auch, ein höheres Maß an Situationsbewusstsein zu entwickeln, was für sicheres Fahren entscheidend ist.

Durch die Teilnahme an Workshops zum Stressabbau, Seminaren zum Ermüdungsmanagement und konzentrationsfördernden Übungen können Fahrer ihre Fahrfähigkeiten und ihre Sicherheit erheblich verbessern. Diese Bildungsmöglichkeiten bieten wertvolle Einblicke und praktische Werkzeuge, die dazu beitragen können, die mit Stress, Müdigkeit und Unaufmerksamkeit verbundenen Risiken zu mindern, was letztendlich zu besseren Fahrergebnissen führt.

Schlussfolgerung

Das Verständnis und der Umgang mit den psychologischen und physiologischen Aspekten des Fahrens kann zu sichereren und angenehmeren Fahrerlebnissen führen. Durch den Einsatz der in diesem Kapitel beschriebenen Techniken können Fahrer ihre mentale Bereitschaft, Konzentration und allgemeine Fahrleistung verbessern und sicherstellen, dass sie auf der Straße scharf und sicher bleiben.

Kapitel 9: Technik und Fahren

Die Integration von Technologie in Fahrzeuge hat das Fahren verändert und Sicherheit, Effizienz und Komfort verbessert. In diesem Kapitel werden die aktuellen Technologien in Fahrzeugen untersucht, wie sie den Fahrer unterstützen und welche zukünftigen Trends wir in der Fahrtechnologie erwarten können.

Nutzung von Fahrassistenztechnologien

Moderne Fahrzeuge sind mit einer Reihe von Technologien ausgestattet, die den Fahrer bei der Aufrechterhaltung der Sicherheit und der Verbesserung der Fahrleistung unterstützen sollen. Es ist entscheidend, diese Technologien zu verstehen und sie effektiv einzusetzen.

Adaptive Geschwindigkeitsregelung

Die adaptive Geschwindigkeitsregelung (ACC) ist ein fortschrittliches Fahrerassistenzsystem, das die Grundfunktionen der herkömmlichen Geschwindigkeitsregelung erweitert, indem es die Geschwindigkeit des Fahrzeugs automatisch anpasst, um einen sicheren Abstand zu vorausfahrenden Fahrzeugen einzuhalten. So funktioniert's:

Funktionalität: ACC verwendet Radar und manchmal Kameras, um den Abstand zum vorausfahrenden Fahrzeug zu überwachen. Basierend auf diesen Daten passt es die Geschwindigkeit Ihres Fahrzeugs an, um einen vorgegebenen Sicherheitsabstand einzuhalten. Dies kann bedeuten, dass Sie langsamer werden, wenn das vorausfahrende Fahrzeug langsamer wird, oder dass Sie wieder auf die eingestellte Geschwindigkeit beschleunigen, wenn die Straße frei ist.

Vorteile: Der Hauptvorteil von ACC ist ein erhöhter Komfort und eine geringere Ermüdung des Fahrers, insbesondere bei starkem Verkehr oder auf langen Strecken. Es macht ständiges Beschleunigen und Bremsen bei schwankenden Verkehrsgeschwindigkeiten überflüssig.

Sicherheit: Durch die Einhaltung eines Sicherheitsabstands zu anderen Fahrzeugen kann ACC dazu beitragen, das Risiko von Auffahrunfällen durch Unaufmerksamkeit des Fahrers zu verringern.

Überlegungen: Obwohl ACC ein hochwirksames Werkzeug zur Einhaltung sicherer Folgeabstände ist, müssen die Fahrer auf die Straßenbedingungen achten und jederzeit bereit sein, die Kontrolle über das Fahrzeug zu übernehmen, da das System möglicherweise nicht auf stationäre Objekte reagiert oder jede potenzielle Gefahr erkennt.

Spurhalte-Assistent

Der Spurhalteassistent (LKA) ist eine Sicherheitstechnologie, die dem Fahrer helfen soll, die richtige Spurposition auf der Autobahn zu halten. So trägt es zur Fahrsicherheit bei:

Funktionsweise: LKA-Systeme verwenden Kameras, um Fahrbahnmarkierungen auf der Straße zu erkennen. Wenn das System erkennt, dass das Fahrzeug unbeabsichtigt von der Fahrspur abkommt, ohne dass ein Blinker betätigt wird, warnt es den Fahrer mit visuellen, akustischen oder taktilen Signalen wie einer Vibration im Lenkrad.

Aktiver Assistent: Einige fortschrittliche Systeme warnen den Fahrer nicht nur, sondern lenken das Auto auch automatisch zurück in die Spur. Diese sanfte Lenkkorrektur kann dazu beitragen, Unfälle zu vermeiden, die durch vorübergehende Unaufmerksamkeit oder Ermüdung des Fahrers verursacht werden.

Einschränkungen: LKA-Systeme funktionieren am besten, wenn die Fahrbahnmarkierungen klar sind und bei schlechten Wetterbedingungen möglicherweise nicht wie vorgesehen funktionieren oder wenn die Fahrbahnmarkierungen verblasst sind oder fehlen. Daher bleibt die Wachsamkeit der Fahrer von entscheidender Bedeutung.

Automatische Notbremsung

Die automatische Notbremsung (AEB) ist eine wichtige Sicherheitsfunktion, die dazu beiträgt, Unfälle zu vermeiden oder deren Schwere zu verringern, indem die Bremsen automatisch betätigt werden, wenn eine mögliche Kollision erkannt wird.

Funktionsweise: AEB-Systeme verwenden Sensoren wie Radar, Kameras und Lidar, um die

Umgebung des Fahrzeugs zu überwachen. Wenn diese Sensoren eine drohende Kollision mit einem anderen Fahrzeug, Fußgänger oder Objekt erkennen und der Fahrer noch keine ausreichenden Maßnahmen ergriffen hat, um den Unfall zu vermeiden, betätigt das System automatisch die Bremsen.

Vorteile: AEB kann die Wahrscheinlichkeit einer Kollision erheblich verringern, indem es schneller reagiert, als ein Mensch reagieren kann. Es ist besonders nützlich im Stadtverkehr, wo plötzliche Stopps aufgrund von Verkehr oder unerwarteten Fußgängerbewegungen häufig sind.

Überlegungen: AEB-Systeme variieren je nach Hersteller, wobei einige darauf ausgelegt sind, das Fahrzeug vollständig zum Stillstand zu bringen, und andere, die nur die Geschwindigkeit vor dem Aufprall reduzieren sollen. Die Wirksamkeit kann auch je nach Geschwindigkeit, Art der Hindernisse und Wetterbedingungen variieren.

Die Rolle der Simulation im Fahrtraining

Simulatoren sind zu einem wichtigen Werkzeug sowohl in der Fahrerausbildung als auch in der Fahrzeugentwicklung geworden und ermöglichen ein sicheres und kontrolliertes Testen von Fahrszenarien und -technologien.

Fahrertrainings-Simulatoren

Fahrertrainingssimulatoren sind ausgeklügelte Werkzeuge, die eine entscheidende Rolle bei der Fahrerausbildung spielen und eine sichere und kontrollierte Umgebung bieten, in der sowohl neue als auch erfahrene Fahrer wertvolle Erfahrungen sammeln können. So werden sie verwendet:

Exposition gegenüber verschiedenen Bedingungen: Simulatoren können eine Vielzahl von Fahrbedingungen und Szenarien nachbilden, die in der realen Welt schwierig oder unsicher zu üben sind, wie z. B. das Fahren bei schlechten Wetterbedingungen, das Navigieren durch dichten Verkehr oder der Umgang mit gefährlichen Situationen wie Reifenplatzern oder Bremsausfällen.

Risikofreies Lernen: Einer der Hauptvorteile von Simulatoren ist ihre Fähigkeit, risikofreies Lernen anzubieten. Das bedeutet, dass Fahrer Fehler machen und aus ihnen lernen können, ohne die Konsequenzen für die reale Welt, was den Lernprozess beschleunigen und die Erkundung verschiedener Fahrtechniken fördern kann.

Sofortiges Feedback: Simulatoren geben oft sofortiges Feedback über integrierte Bewertungstools. Dieses Feedback kann von unschätzbarem Wert sein, um Fehler zu korrigieren und Fahrtechniken zu verbessern, von der grundlegenden Fahrzeugbeherrschung bis hin zu fortgeschrittenen Notfallmanövern.

Fahrzeugentwicklung

Automobilhersteller nutzen Simulatoren während des Fahrzeugentwicklungsprozesses in großem Umfang, um verschiedene Aspekte der Fahrdynamik und Fahrtechnologien zu testen und zu verfeinern. So profitiert die Branche von diesem Prozess:

Testen der Fahrzeugdynamik: Simulatoren ermöglichen es Ingenieuren, mit verschiedenen Fahrzeugeinstellungen und -systemen zu experimentieren, wie z. B. Aufhängungs- und Lenkkonfigurationen, um zu sehen, wie sich diese Änderungen auf das Fahrzeugverhalten in einer kontrollierten Umgebung auswirken.

Entwicklung neuer Technologien:

Fortschrittliche Fahrtechnologien wie autonome Fahrsysteme, adaptive Geschwindigkeitsregelung und Notbremssysteme können in Simulatoren getestet und verfeinert werden. Dies trägt dazu bei, dass diese Technologien in einer Vielzahl von Szenarien wie vorgesehen funktionieren, bevor sie in reale Fahrzeuge eingebaut werden.

Kosteneffizienz und Sicherheit: Der Einsatz von Simulatoren in der Fahrzeugentwicklung reduziert zunächst den Bedarf an kostspieligen Tests unter realen Bedingungen und eliminiert das Unfallrisiko in den frühen Phasen der Erprobung neuer Technologien.

Verbesserung der Fertigkeiten

Fortgeschrittene Fahrsimulatoren sind nicht nur für Fahranfänger nützlich, sondern auch für Profi- und Amateurfahrer, die ihre Fahrkünste verbessern möchten:

Professionelles Training: Berufskraftfahrer, einschließlich Rennfahrer und Nutzfahrzeugfahrer, nutzen Simulatoren, um ihre Fahrkünste zu üben und zu verbessern. Für Rennfahrer können Simulatoren so konfiguriert werden, dass sie bestimmte Rennstrecken nachahmen, um Runden zu üben, während Berufskraftfahrer Szenarien üben können, mit denen sie auf der Straße konfrontiert sind, wie z. B. Langstreckenmüdigkeit und Stadtverkehr.

Verfeinerung der Fähigkeiten für Amateure: Amateurfahrer können Simulatoren verwenden, um ihre Fahrkünste in einer Vielzahl von Umgebungen und Situationen zu verbessern, ohne Angst vor Unfällen haben zu müssen. Dies kann das Üben sicherer Fahrtechniken, Notfallmaßnahmen oder einfach nur das Erlernen der Fahrzeugsteuerung umfassen.

Zugänglichkeit und Häufigkeit: Simulatoren bieten eine zugängliche Plattform für häufige

Übungssitzungen, die im wirklichen Leben aufgrund von Einschränkungen wie Wetter, Kosten und Verfügbarkeit von Einrichtungen möglicherweise nicht machbar oder praktikabel sind.

Zusammenfassend lässt sich sagen, dass Fahrsimulatoren in verschiedenen Bereichen der Automobilindustrie von unschätzbarem Wert sind – von der Fahrerausbildung über die Fahrzeugentwicklung bis hin zur Verbesserung der Fähigkeiten für Fahrer aller Niveaus. Sie bieten eine sichere, vielseitige und kostengünstige Lösung für die Entwicklung, Erprobung und Verfeinerung von menschlichen Fahrfähigkeiten und Fahrzeugtechnologien.

Zukunftstrends in der Antriebstechnik

Mit der Weiterentwicklung der Technologie entwickelt sich auch die Art und Weise, wie wir fahren. Dieser Abschnitt befasst sich mit neuen Technologien, die das Fahren in naher Zukunft beeinflussen dürften.

Autonome Fahrzeuge

Autonome Fahrzeuge (AVs) oder selbstfahrende Autos stellen einen bedeutenden Wandel in der Automobiltechnologie und Fahrkultur dar. Hier ein Überblick über die Fortschritte und Herausforderungen bei ihrer Entwicklung:

Fortschritte in der Entwicklung:

- **Technologie**: Fortschritte in den Bereichen künstliche Intelligenz, maschinelles Lernen und Sensortechnologie haben es Autos ermöglicht, ohne menschliches Zutun in einer komplexen Umgebung zu navigieren und darauf zu reagieren.

- **Tests und Erprobungen**: Zahlreiche Unternehmen weltweit testen autonome Fahrzeuge unter verschiedenen Straßenbedingungen, um Algorithmen zu verfeinern und die Zuverlässigkeit zu gewährleisten.

Herausforderungen:

- **Sicherheit**: Während autonome Fahrzeuge versprechen, menschliche Fehler beim Fahren zu reduzieren, gibt es Sicherheitsbedenken, insbesondere wie diese Fahrzeuge mit unvorhersehbaren Szenarien oder Systemausfällen umgehen.
- **Regulatorisch**: Die Schaffung eines umfassenden Rechtsrahmens für autonomes Fahren ist komplex und umfasst

Sicherheitsstandards, Haftungsgesetze und Datenschutzüberlegungen.

- **Öffentliche Akzeptanz**: Vertrauen in autonome Technologie ist entscheidend. Die Skepsis der Öffentlichkeit, insbesondere nach Unfällen mit autonomen Fahrzeugen, zeigt, dass die Akzeptanz wahrscheinlich allmählich kommen wird.

Auswirkungen:

- **Sicherheit und Verkehrseffizienz**: AVs könnten durch menschliches Versagen verursachte Unfälle erheblich reduzieren und den Verkehrsfluss durch koordiniertes Fahrverhalten optimieren.
- **Professionelles Fahren**: Es könnte tiefgreifende Auswirkungen auf den Fahrerberuf geben, mit einem potenziellen Rückgang der Nachfrage nach Fahrern in Transportberufen durch die zunehmende Automatisierung.

Fahrzeug-zu-Fahrzeug-Kommunikation

Die Fahrzeug-zu-Fahrzeug-Kommunikation (V2V) ist eine Technologie, die es Autos ermöglicht, über ein drahtloses Netzwerk miteinander zu kommunizieren, um die Verkehrssicherheit und die Verkehrseffizienz zu verbessern. So trägt die V2V-Kommunikation zur Automobiltechnik bei:

Funktionalität:

- **Sicherheitswarnungen**: Fahrzeuge können Informationen über Geschwindigkeit, Richtung und Position austauschen, um den Fahrer vor potenziellen Gefahren zu warnen, z. B. vor einem herannahenden Auto an einer unübersichtlichen Kreuzung oder einem plötzlichen Bremsen nach vorne.
- **Kollisionsvermeidung**: V2V kann Systeme wie das automatische Bremsen verbessern, indem es zusätzliche Daten über die Aktionen anderer Fahrzeuge liefert und so hilft,

Kollisionen zu vermeiden.

Vorteile:

- **Weniger Unfälle**: Durch die direkte Kommunikation untereinander können Fahrzeuge sicherere Abstände einhalten und Bewegungen effektiver koordinieren.
- **Verkehrsfluss**: Die V2V-Technologie kann zu einem reibungsloseren Verkehrsfluss beitragen, indem sie Geschwindigkeiten synchronisiert und unnötiges Bremsen reduziert.

Herausforderungen:

- **Umsetzung**: Die Integration von V2V über alle Fahrzeuge hinweg stellt technologische und wirtschaftliche Herausforderungen dar, einschließlich der Sicherstellung der Kompatibilität zwischen verschiedenen Herstellern und Modellen.

- **Datenschutz**: Der Schutz der Privatsphäre der Fahrer und die Verhinderung des unbefugten Datenzugriffs sind wichtige Anliegen.

Elektrifizierung und intelligente Infrastruktur

Die Umstellung auf Elektrofahrzeuge (EVs) und die Entwicklung intelligenter Infrastrukturen sind zentrale Aspekte der zukünftigen Verkehrslandschaft.

Elektrifizierung:

- **Umweltauswirkungen**: Elektrofahrzeuge bieten im Vergleich zu herkömmlichen Verbrennungsmotoren eine erhebliche Reduzierung der Treibhausgasemissionen und Schadstoffe.

- **Technologische Fortschritte**: Verbesserungen der Batterietechnologie und der Ladeinfrastruktur sind entscheidend für die Erhöhung der Reichweite und des Komforts von Elektrofahrzeugen.

Intelligente Infrastruktur:

- **Unterstützung für Elektrofahrzeuge**: Intelligente Ladestationen, optimierte Stromnetze und erneuerbare Energiequellen werden entwickelt, um die wachsende Zahl von Elektrofahrzeugen zu unterstützen.

- **Verbesserte Straßensysteme**: Technologien wie eingebettete Sensoren und intelligente Ampeln können mit Fahrzeugen interagieren, um das Verkehrsmanagement und die Verkehrssicherheit zu verbessern.

Vorteile:

- **Effizienz und Sicherheit**: Eine intelligente Infrastruktur kann durch die Bereitstellung von Echtzeitdaten und Konnektivität zu einer effizienteren Nutzung der Straßen, weniger Verkehrsstaus und mehr Sicherheit führen.

Herausforderungen:

- **Kosten und Implementierung**: Der Übergang zu einer intelligenten Infrastruktur erfordert erhebliche Investitionen und Koordination zwischen verschiedenen Interessengruppen, einschließlich Regierungen, Technologieanbietern und der Automobilindustrie.

Die Integration von autonomen Fahrzeugen, V2V-Kommunikation und Elektrifizierung in intelligente Infrastrukturen stellt eine transformative Phase im

Transportwesen dar, die mehr Sicherheit, Effizienz und Nachhaltigkeit verspricht. Die erfolgreiche Implementierung dieser Technologien erfordert jedoch die Bewältigung technologischer, regulatorischer und sozialer Herausforderungen.

Praktische Übungen

Um mit dem technologischen Fortschritt Schritt zu halten, sind praktische Übungen und Vertrautheit mit der Fahrtechnik unerlässlich.

Technologie-Einführungssitzungen

Da sich die Automobiltechnologie rasant weiterentwickelt, spielen Workshops oder praktische Schulungen bei Händlern oder Fahrschulen eine entscheidende Rolle, um den Fahrern zu helfen, die neuesten Fahrtechnologien zu verstehen und effektiv zu nutzen. So können diese Sitzungen den Fahrern zugute kommen:

Interaktives Lernen: Diese Sitzungen bieten eine praktische Erfahrung mit den neuesten Automobiltechnologien wie adaptiver Geschwindigkeitsregelung, Spurhalteassistent und autonomen Notbremssystemen. Durch die direkte Interaktion mit diesen Technologien können Fahrer ihre Funktionalität und Einschränkungen besser verstehen.

Anleitung von Experten: Diese Sitzungen werden von sachkundigen Ausbildern oder Technikern durchgeführt und bieten Experteneinblicke, wie diese Technologien in realen Szenarien funktionieren und wie sie die Fahrsicherheit und den Fahrkomfort verbessern können.

Vertrauensbildung: Durch die Entmystifizierung der Technologien durch praktische Erfahrungen tragen diese Sitzungen dazu bei, das Vertrauen der Fahrer in ihre effektive Nutzung zu stärken. Dies ist besonders wichtig für ältere Fahrer oder diejenigen, die sich von der schnellen Integration fortschrittlicher Systeme in moderne Fahrzeuge überfordert fühlen.

Simulator-Trainingsprogramme

Simulator-Trainingsprogramme sind eine hervorragende Möglichkeit für Fahrer, verschiedene Fahrassistenzsysteme in einer kontrollierten Umgebung zu erleben und kennenzulernen. Hier ist die Rolle dieser Programme:

Risikofreie Umgebung: Simulatoren können Fahrszenarien nachstellen, die möglicherweise zu gefährlich sind, um sie im wirklichen Leben zu üben, wie z. B. dichter Verkehr, schlechte Wetterbedingungen oder Notfallsituationen. Dies ermöglicht es den Fahrern, den Umgang mit Technologien wie elektronischer Stabilitätskontrolle und Antiblockiersystemen ohne reale Konsequenzen zu üben.

Sofortiges Feedback: Die meisten Fahrsimulatoren geben sofortiges Feedback zu den Aktionen eines Fahrers und helfen ihm, die Auswirkungen seiner Entscheidungen zu verstehen und die technologischen Hilfsmittel des Fahrzeugs besser zu nutzen.

Verbesserung der Fähigkeiten: Regelmäßiges Training an Simulatoren kann die Fähigkeit eines Fahrers verbessern, auf komplexe Situationen zu reagieren, indem er Technologie als unterstützendes Werkzeug einsetzt, wodurch die allgemeinen Fahrfähigkeiten und die Sicherheit verbessert werden.

Webinare und Kurse zur Weiterbildung

Webinare und Online-Kurse bieten eine flexible und zugängliche Möglichkeit, über neue Automobiltechnologien und ihre Auswirkungen auf dem Laufenden zu bleiben. Hier erfahren Sie, wie die Beteiligung an diesen Bildungsressourcen von

Vorteil sein kann:

Breite Abdeckung: Diese Kurse decken oft ein breites Themenspektrum ab, von den Grundlagen der Hybridtechnologie und Elektrofahrzeugen bis hin zu den Feinheiten autonomer Fahrsysteme und intelligenter Infrastruktur.

Brancheneinblicke: Diese Sitzungen werden von Experten für Automobiltechnologie geleitet und bieten wertvolle Einblicke in die Entwicklung der Branche, die neuen Technologien am Horizont und die regulatorischen und ethischen Überlegungen zu diesen Fortschritten.

Bequemlichkeit und Zugänglichkeit: Online-Formate ermöglichen es den Teilnehmern, von überall aus teilzunehmen, was es Einzelpersonen erleichtert, diese Bildungsmöglichkeiten in ihren Zeitplan einzubauen. Diese Zugänglichkeit ist entscheidend für kontinuierliches Lernen und die Anpassung an neue Technologien.

Networking-Möglichkeiten: Viele Webinare und Online-Kurse bieten die Möglichkeit, mit Experten und anderen Teilnehmern zu interagieren, was für das Networking und den Austausch von Ideen wertvoll sein kann.

Die Teilnahme an Technologie-Einführungssitzungen, Simulator-Schulungsprogrammen sowie Schulungs-Webinaren und -Kursen stellt sicher, dass die Fahrer gut informiert und kompetent im Umgang mit den neuesten Automobiltechnologien sind. Dies verbessert nicht nur das individuelle Fahrkönnen, sondern trägt auch zur allgemeinen Verkehrssicherheit und Effizienz bei, da neue Technologien zunehmend in den Alltag integriert werden.

Schlussfolgerung

Die Technologie verändert die Fahrlandschaft und bietet beispiellose Möglichkeiten, die Sicherheit und Effizienz des Fahrers zu verbessern. Indem sie über diese Fortschritte informiert und versiert bleiben, können Fahrer nicht nur ihre eigenen Fahrkünste verbessern, sondern sich auch auf die Zukunft des Fahrens vorbereiten. Auf unserem Weg in die Zukunft werden die Nutzung dieser Technologien und das Verständnis ihrer Fähigkeiten und Grenzen ein wesentlicher Bestandteil sein, um sicher und effizient auf den Straßen von morgen zu navigieren.

Kapitel 10: Rechtliche Aspekte und Fahretikette

Das Navigieren in der rechtlichen Landschaft und das Verständnis der ungeschriebenen Verkehrsregeln sind für jeden Fahrer unerlässlich. In diesem Kapitel werden die gesetzlichen Anforderungen und die Fahretikette untersucht, die zu sichereren und verantwortungsvolleren Fahrumgebungen beitragen.

Fahrgesetze und -vorschriften verstehen

Die Verkehrsgesetze variieren je nach Gerichtsbarkeit, sollen aber die Sicherheit und Ordnung aller Verkehrsteilnehmer gewährleisten. Diese Gesetze zu kennen und zu verstehen, ist entscheidend für die Einhaltung und die Vermeidung von Strafen.

Verkehrsverstöße und Konsequenzen

Das Verständnis der Verkehrsregeln und der Folgen von Verstößen ist für alle Fahrer unerlässlich. Hier ist eine detaillierte Übersicht:

Allgemeine Verkehrsgesetze:

- **Geschwindigkeitsbegrenzungen**: Diese sollen die Sicherheit auf den Straßen gewährleisten und variieren je nach Gebiet (z. B. Stadt, Land, Autobahn). Das Überschreiten dieser Grenzen kann zu Geldstrafen, Punkten in Ihrem Fahrregister oder schwerwiegenderen Konsequenzen wie dem Entzug der Fahrerlaubnis führen.
- **DUI-Vorschriften**: Fahren unter Alkohol- oder Drogeneinfluss (DUI) ist illegal und wird aufgrund des erheblichen Risikos für die öffentliche Sicherheit mit schweren Strafen geahndet. Zu den Strafen können hohe Geldstrafen, Führerscheinentzug,

obligatorische Bildungsprogramme und sogar Gefängnisstrafen gehören.

- **Nutzung mobiler Geräte**: In vielen Regionen gibt es Gesetze, die die Verwendung von tragbaren Mobilgeräten während der Fahrt verbieten. Dazu gehören SMS und Telefonieren ohne Freisprecheinrichtung. Verstöße können zu Geldstrafen und Strafpunkten führen.

Strafen für Verstöße:

- Die Strafen sind sehr unterschiedlich, umfassen aber im Allgemeinen Geldstrafen, Strafpunkte, erhöhte Versicherungsprämien und in schweren Fällen den Entzug der Fahrerlaubnis oder Freiheitsstrafen. Chronische Straftäter können mit härteren Strafen rechnen, und das Sammeln von Punkten kann zum Entzug des Führerscheins führen.

Auswirkungen auf die Fahraufzeichnungen:

- Verkehrsverstöße können sich auf die Akte eines Fahrers auswirken, was sich auf Versicherungstarife und Beschäftigungsmöglichkeiten auswirken kann. Einige Verstöße können mehrere Jahre lang in einem Fahrprotokoll verbleiben und sich auf langfristige Fahrkosten und -privilegien auswirken.

Versicherungsanforderungen

Eine Autoversicherung ist vielerorts gesetzlich vorgeschrieben und bietet finanziellen Schutz vor Unfällen und anderen Zwischenfällen auf der Straße. Hier ist, was Fahrer wissen müssen:

Obligatorische Versicherungen:

- **Haftpflichtversicherung**: Deckt Kosten im Zusammenhang mit Schäden und

Verletzungen anderer, wenn Sie an einem Unfall schuld sind.

- **Schutz vor Personenschäden (PIP):** Deckt medizinische Kosten und in einigen Fällen entgangene Löhne und andere Schäden ab, unabhängig davon, wer schuld ist (in einigen Staaten erforderlich).

Bedeutung der Versicherung:

- Eine gültige Autoversicherung ist entscheidend für den rechtlichen und finanziellen Schutz. Es stellt sicher, dass Sie bei einem Unfall für Haftungen abgesichert sind, und schützt Sie vor potenziell lähmenden finanziellen Verpflichtungen.
- Die Versicherung deckt je nach Police auch Reparaturen an Ihrem Fahrzeug bei Unfällen oder Diebstahl ab.

Fahrzeugzulassung und -inspektion

Die Fahrzeugzulassung und die regelmäßigen Inspektionen auf dem neuesten Stand zu halten, ist nicht nur eine gesetzliche Anforderung, sondern auch wichtig für die Sicherheit und Compliance. Hier ist, was Sie wissen müssen:

Fahrzeugzulassung:

- Die Registrierung beweist, dass Sie Ihr Fahrzeug rechtmäßig besitzen und alle erforderlichen Steuern oder Gebühren bezahlt haben. Es muss regelmäßig erneuert werden, wobei der Zeitrahmen je nach Gerichtsbarkeit variiert.
- Eine gültige Registrierung ist erforderlich, um legal auf öffentlichen Straßen zu fahren. Die Nichtverlängerung kann zu Geldstrafen und Strafen führen.

Regelmäßige Inspektionen:

- Viele Regionen verlangen regelmäßige Fahrzeuginspektionen, um sicherzustellen, dass die Fahrzeuge die Sicherheits- und Emissionsstandards erfüllen.
- Diese Inspektionen können potenzielle Sicherheitsprobleme identifizieren, die möglicherweise repariert werden müssen, wodurch Unfälle vermieden und sichergestellt wird, dass die Fahrzeuge umweltverträglich sind.

Dokumente auf dem neuesten Stand halten:

- Es ist wichtig, die Zulassungs- und Inspektionsdokumente auf dem neuesten Stand zu halten und in Ihrem Fahrzeug zu speichern. Dies stellt sicher, dass Sie auf Verkehrskontrollen vorbereitet sind, und verringert das Risiko von Bußgeldern oder anderen rechtlichen Problemen.

Das Verständnis und die Einhaltung der Verkehrsgesetze, die Aufrechterhaltung der erforderlichen Versicherung und die Aktualisierung der Fahrzeugdokumentation sind wichtige Komponenten des verantwortungsvollen Fahrzeugbesitzes und -betriebs. Diese Maßnahmen schützen nicht nur einzelne Fahrer, sondern tragen auch zur allgemeinen Sicherheit und Effizienz der Straßen bei.

Ethische Überlegungen beim Autofahren

Ethik spielt beim Fahren eine entscheidende Rolle und beeinflusst Entscheidungen, die nicht nur den Fahrer, sondern auch andere Verkehrsteilnehmer betreffen. Dieser Abschnitt befasst sich mit der moralischen Verantwortung von Fahrern.

Verantwortungsvolles Fahren

Verantwortungsvolles Fahren ist von grundlegender Bedeutung, um die Sicherheit aller Verkehrsteilnehmer, einschließlich Fußgängern, Radfahrern und anderen Fahrern, zu gewährleisten. Hier ist ein detaillierter Blick auf die Prinzipien des verantwortungsvollen Fahrens:

Sicherheit als Priorität: Jeder Fahrer hat die Pflicht, sein Fahrzeug sicher zu bedienen, um Schäden zu vermeiden. Dazu gehört, Geschwindigkeitsbegrenzungen einzuhalten, Verkehrssignale zu befolgen und während der Fahrt wachsam und konzentriert zu bleiben.

Bewusstsein für die Umgebung: Autofahrer sollten wachsam sein und sich ihrer Umgebung bewusst sein, insbesondere in städtischen Gebieten, in denen Fußgänger und Radfahrer anwesend sind. Dazu gehören die regelmäßige Überprüfung der Spiegel, die Verwendung von

Signalen beim Abbiegen oder Spurwechsel und das Gewähren der Vorfahrt, wenn dies angemessen ist.

Defensive Fahrtechniken: Der Einsatz defensiver Fahrtechniken, wie z. B. das Antizipieren der Handlungen anderer Verkehrsteilnehmer und das Einhalten eines sicheren Abstands, kann das Unfallrisiko erheblich verringern.

Aus- und Weiterbildung: Die regelmäßige Teilnahme an Fahrauffrischungskursen kann den Fahrern helfen, sich über die neuesten Verkehrssicherheitsvorschriften und defensiven Fahrtechniken zu informieren.

Umwelterwägungen

Umweltfreundliche Fahrpraktiken tragen nicht nur zum Umweltschutz bei, sondern können auch zu wirtschaftlichen Vorteilen für die Fahrer führen. Hier sind die wichtigsten Strategien zur Reduzierung der Umweltauswirkungen eines

Fahrzeugs:

Effiziente Fahrgewohnheiten: Sanftes Beschleunigen und konstante Geschwindigkeiten können den Kraftstoffverbrauch und die Emissionen erheblich reduzieren. Die Vermeidung unnötiger Leerlaufzeiten und die Verwendung des Tempomaten auf Autobahnen sind ebenfalls wirksame Strategien.

Regelmäßige Fahrzeugwartung: Ein Fahrzeug durch regelmäßige Wartung, wie z. B. rechtzeitige Ölwechsel, ordnungsgemäßes Reifenpumpen und Sicherstellung, dass der Motor effizient läuft, in optimalem Zustand zu halten, kann Emissionen reduzieren und den Kraftstoffverbrauch verbessern.

Einsatz umweltfreundlicher Technologien: Fahrer können den Einsatz umweltfreundlicher Technologien wie Hybrid- oder Elektrofahrzeuge in Betracht ziehen. Bei konventionellen Fahrzeugen können Technologien wie Start-Stopp-Systeme den Kraftstoffverbrauch und die Emissionen im Stadtverkehr senken.

Routen- und Tourenplanung: Die Planung von Routen zur Vermeidung von starkem Verkehr und die Kombination von Fahrten können die Fahrzeit und die verursachten Emissionen reduzieren.

Melden von Vorfällen

Die Meldung von Unfällen, Beinaheunfällen oder rechtswidrigem Verhalten ist eine entscheidende Komponente für die Aufrechterhaltung der Verkehrssicherheit und Rechenschaftspflicht. Hier sind die ethischen Implikationen und Vorteile einer verantwortungsvollen Berichterstattung:

Förderung von Sicherheit und Rechenschaftspflicht: Die Berichterstattung trägt dazu bei, sicherzustellen, dass geeignete Maßnahmen ergriffen werden, um unsicheres

Verhalten zu bekämpfen und die Verkehrssicherheitsstandards aufrechtzuerhalten. Es kann zukünftige Vorfälle verhindern, indem es zu notwendigen Eingriffen für riskante Fahrer führt.

Rechtliche und ethische Verantwortung: Vielerorts sind Fahrer gesetzlich verpflichtet, bestimmte Arten von Unfällen zu melden, insbesondere solche mit Verletzungen oder erheblichen Sachschäden. Ethisch gesehen trägt die Berichterstattung auch zu einer Kultur der Verantwortung und Sicherheit im Straßenverkehr bei.

Meldemechanismen: Machen Sie sich mit den entsprechenden Verfahren zur Meldung von Vorfällen in Ihrer Region vertraut. Dies kann bedeuten, dass Sie zum Zeitpunkt eines Unfalls die Polizei oder den Rettungsdienst anrufen oder sich in weniger dringenden Situationen an eine Nicht-Notrufnummer melden.

Schutz der Rechte: Die Meldung von Vorfällen kann auch die eigenen gesetzlichen Rechte schützen und die genaue Feststellung des Verschuldens erleichtern, was für Versicherungsansprüche und Gerichtsverfahren wichtig ist.

Verantwortungsvolles Fahren, Umweltverträglichkeit und ethische Berichterstattung sind miteinander verflochtene Aspekte des modernen Fahrens. Sie alle spielen eine wichtige Rolle bei der Schaffung sichererer, nachhaltigerer und verantwortungsvollerer Fahrkulturen. Diese Praktiken schützen nicht nur den einzelnen Fahrer, sondern auch die breitere Gemeinschaft und die Umwelt.

Die globale Perspektive auf die Fahretikette

Die Fahretikette ist zwar nicht rechtlich durchsetzbar, aber für die Aufrechterhaltung von Ordnung und Höflichkeit auf der Straße unerlässlich. In diesem Abschnitt werden gängige Höflichkeitspraktiken beschrieben, die weltweit beobachtet werden.

Vorfahrt

Das Verständnis und die Einhaltung der Vorfahrtsregeln ist entscheidend für die Aufrechterhaltung von Ordnung und Sicherheit auf den Straßen. So profitieren alle Verkehrsteilnehmer von der ordnungsgemäßen Einhaltung dieser Regeln:

Grundprinzipien:

- **Kreuzungen**: Geben Sie den Fahrern Vorfahrt, die vor Ihnen angekommen sind, oder den Fahrern zu Ihrer Rechten, wenn Sie gleichzeitig ankommen. Befolgen Sie immer Verkehrssignale und Schilder, die die Vorfahrt vorschreiben können.
- **Fußgängerüberwege**: Fußgänger auf Zebrastreifen oder an Kreuzungen haben in der Regel Vorfahrt. Es ist wichtig, anzuhalten und ihnen die sichere Überquerung zu ermöglichen.
- **Einfädeln von Fahrspuren**: Beim Einfädeln hat das Fahrzeug, das sich bereits auf der Autobahn oder Hauptstraße befindet, in der Regel Vorfahrt. Einfädelnde Fahrer sollten ihre Geschwindigkeit anpassen, um eine sichere Lücke zu finden, ohne dass andere Fahrer abrupt bremsen.

Konflikte vermeiden: Es ist wichtig, sich nicht durch den Verkehr zu zwingen. Selbst wenn Sie technisch Vorfahrt haben, ist es oft sicherer, nachzugeben, wenn dies einen möglichen Konflikt oder Unfall verhindern kann. Dies gilt insbesondere in Situationen mit starkem Verkehr, in denen aggressives Fahren die Spannungen eskalieren kann.

Rechtliche Auswirkungen: Wenn Sie bei Bedarf die Vorfahrt nicht gewähren, kann dies zu Verkehrsverwarnungen und Unfällen führen, die sich auf Ihre Fahrbilanz auswirken und möglicherweise Ihre Versicherungsprämien erhöhen.

Signalisierung und Kommunikation

Der effektive Einsatz von Signalen und anderen Kommunikationsformen während der Fahrt kann die Verkehrssicherheit erheblich erhöhen, indem Ihre Handlungen für andere Verkehrsteilnehmer vorhersehbar werden.

Blinker: Verwenden Sie die Blinker Ihres Fahrzeugs immer rechtzeitig, bevor Sie abbiegen oder die Spur wechseln. Diese einfache Handlung warnt andere Fahrer und Fußgänger umfassend vor Ihren Absichten und kann Kollisionen verhindern.

Scheinwerfer und Bremslichter: Verwenden Sie Scheinwerfer bei schlechten Sichtverhältnissen, um sicherzustellen, dass Sie von anderen gesehen werden. Bremslichter sind ebenso wichtig, da sie den Fahrern hinter Ihnen signalisieren, dass Sie langsamer werden oder anhalten.

Handgesten: In Situationen, in denen elektronische Signale nicht ausreichen oder eine schnelle Quittierung erforderlich ist, können Handgesten verwendet werden, um mit anderen Fahrern zu kommunizieren. Stellen Sie sicher, dass alle Gesten höflich sind und Ihre Absichten deutlich machen (z.

B. einem Fahrer ein Dankeschön zuwinken, der Sie einfädeln lässt).

Umgang mit Aggression

Der Umgang mit aggressivem Fahren und Wut im Straßenverkehr erfordert ruhige und strategische Reaktionen, um Ihre Sicherheit und die anderer Verkehrsteilnehmer zu gewährleisten.

Bleiben Sie ruhig: Halten Sie Ihre eigenen Emotionen im Zaum. Vermeiden Sie es, mit ähnlichen aggressiven Verhaltensweisen oder Gesten zu reagieren, da dies die Situation eskalieren lassen kann.

Vermeiden Sie Augenkontakt: Blickkontakt mit einem aggressiven Fahrer kann manchmal als Herausforderung empfunden werden. Vermeiden Sie am besten Blickkontakt und konzentrieren Sie sich auf Ihre eigene Fahrweise.

Abstand schaffen: Vergrößern Sie sicher den Abstand zwischen Ihnen und dem aggressiven Fahrer. Wenn nötig, nehmen Sie die nächste Abzweigung oder Ausfahrt, um sich aus der Situation zu entfernen.

Melden Sie sich bei Bedarf: Wenn das Verhalten extrem ist oder Sie sich bedroht fühlen, sollten Sie den Fahrer den Behörden melden. Geben Sie so viele Details wie möglich an, z. B. die Fahrzeugbeschreibung, das Nummernschild und Einzelheiten des Verhaltens.

Durch das Verständnis der Vorfahrt, die effektive Kommunikation über Signale und den ruhigen Umgang mit Fahrsituationen können Fahrer zu einer sichereren, vorhersehbareren und respektvolleren Fahrumgebung beitragen. Diese Praktiken verringern nicht nur das Unfallrisiko, sondern verbessern auch das allgemeine Fahrerlebnis für alle Verkehrsteilnehmer.

Praktische Übungen

Praktisches Wissen und Verständnis für legale und ethische Fahrpraktiken sind entscheidend für verantwortungsvolles Fahren.

Interaktive Workshops

Interaktive Workshops bieten eine dynamische Lernumgebung, in der Fahrer ihr Verständnis und ihre Fähigkeiten durch simulierte reale Szenarien verbessern können. Diese Workshops sind besonders effektiv, um die Komplexität der ethischen Entscheidungsfindung und der rechtlichen Verantwortlichkeiten auf der Straße anzugehen.

Szenariobasiertes Lernen: Workshops verwenden häufig simulierte Umgebungen, um bestimmte Fahrszenarien nachzubilden. Dies kann den Umgang mit Notsituationen, die Navigation in komplizierten Verkehrssituationen oder die Lösung von Konflikten mit anderen Verkehrsteilnehmern umfassen. Diese Szenarien helfen den Fahrern, schnelles Denken und effektive Entscheidungsfähigkeiten zu entwickeln.

Ethische Entscheidungsfindung: Den Teilnehmern werden Szenarien präsentiert, in denen sie Entscheidungen treffen müssen, die ethische Überlegungen beinhalten, wie z. B. die Entscheidung, eine Fahrerflucht zu melden oder zu entscheiden, wann sie unter Druck die Vorfahrt gewähren sollen. Dies hilft, die moralischen Auswirkungen ihres Handelns während der Fahrt zu verstehen.

Rechtliche Verantwortlichkeiten: Diese Workshops klären die Teilnehmer auch über ihre rechtlichen Pflichten als Fahrer auf. Das Verständnis der Konsequenzen der Nichteinhaltung dieser Verantwortlichkeiten kann die Fahrer motivieren, sich genauer an Gesetze und Vorschriften zu halten.

Rollenspiel-Sessions

Rollenspiele bieten den Fahrern die einzigartige Möglichkeit, verschiedene Fahrsituationen in einer kontrollierten und reflektierten Umgebung zu erleben und darauf zu reagieren.

Umgang mit aggressiven Fahrern: In Rollenspielen können die Teilnehmer üben, wie sie sicher und effektiv auf aggressive Fahrer reagieren können, und Strategien zur Deeskalation potenzieller Situationen im Straßenverkehr erlernen.

Unfallortmanagement: Rollenspiele können auch Unfallszenen simulieren, bei denen die Teilnehmer die unmittelbaren Folgen eines Unfalls bewältigen müssen, um die Sicherheit zu gewährleisten, Informationen auszutauschen und angemessen mit anderen Beteiligten zu kommunizieren.

Ethische Dilemmata: Diese Sitzungen beinhalten oft Dilemmata, bei denen die richtige Vorgehensweise möglicherweise nicht eindeutig ist, und helfen den Fahrern, die Bandbreite der möglichen Reaktionen und die möglichen Auswirkungen jeder Entscheidung zu erkunden.

Bildungsseminare

Bildungsseminare bieten Fahrern eine Plattform, um Updates zu erhalten und ihr Verständnis für fahrbezogene Themen wie neue Verkehrsgesetze, Änderungen der Versicherungspolicen und globale Best Practices zu vertiefen.

Aktualisierungen der Verkehrsgesetze: Regelmäßige Aktualisierungen der nationalen oder lokalen Verkehrsgesetze stellen sicher, dass die Fahrer über neue Vorschriften oder Änderungen bestehender Vorschriften informiert sind, was dazu beitragen kann, Rechtsverstöße zu verhindern und die Verkehrssicherheit zu erhöhen.

Änderungen der Versicherungspolice: Das Verständnis von Änderungen in Versicherungspolicen ist für Fahrer von entscheidender Bedeutung, um eine angemessene Deckung aufrechtzuerhalten und zu verstehen, was ihre Policen beinhalten, was dazu beitragen kann, im Falle eines Unfalls fundierte Entscheidungen zu treffen.

Globale Fahrpraktiken: Seminare können auch globale Fahrpraktiken abdecken und Einblicke in den Umgang verschiedener Kulturen mit häufigen Fahrsituationen bieten. Dieses Wissen ist besonders für diejenigen von Vorteil, die international reisen oder in kulturell vielfältigen Regionen leben.

Die Teilnahme an interaktiven Workshops, Rollenspielen und Bildungsseminaren vermittelt den Fahrern praktische Fähigkeiten, theoretisches Wissen und ein tiefes Verständnis für ihre Verantwortung. Diese Bildungsaktivitäten fördern nicht nur ein sichereres und bewussteres Fahren, sondern bereiten den Einzelnen auch darauf vor, mit der Vielfalt und Unvorhersehbarkeit der Straßenumgebungen effektiv umzugehen.

Schlussfolgerung

Das Verständnis der rechtlichen Aspekte und die Bedeutung der Fahretikette sind von grundlegender Bedeutung, um ein verantwortungsbewusster Fahrer zu sein. Durch die Einhaltung von Gesetzen, ethische Fahrpraktiken und eine gute Verkehrsetikette tragen Fahrer zu einer sichereren, effizienteren und höflicheren Straßenumgebung bei. Dieses Kapitel vermittelt den Fahrern nicht nur das Wissen, um sich in diesen Aspekten zurechtzufinden, sondern fördert auch die kontinuierliche Weiterbildung und das Bewusstsein, wenn sich Gesetze und gesellschaftliche Normen weiterentwickeln.

Kapitel 11: Fortgeschrittene Notfallmanöver

Die Beherrschung fortschrittlicher Notfallmanöver ist für Fahrer von entscheidender Bedeutung, um effektiv auf plötzliche, unvorhersehbare Situationen auf der Straße reagieren zu können. Dieses Kapitel befasst sich mit den Techniken zur Durchführung von Notbremsungen, zum Ausweichen und zum Umgang mit häufigen Fahrzeugfehlfunktionen, um den Fahrern die Fähigkeiten zu vermitteln, potenziell gefährlichen Szenarien sicher zu entkommen.

Ausführen von Notstopps

Eine Notbremsung wird durchgeführt, wenn ein Fahrer das Fahrzeug schnell anhalten muss, um eine drohende Kollision zu vermeiden. In diesem Abschnitt werden die richtigen Techniken und Sicherheitsüberlegungen für die Durchführung solcher Stopps behandelt.

Bremstechniken

Effektives Bremsen ist entscheidend für sicheres Fahren, insbesondere in Notsituationen. Hier ist ein detaillierter Blick auf die richtigen Bremstechniken und die Technologie dahinter:

Kraftvolles und effizientes Bremsen:

- **Allmähliche Anwendung**: Der beste Ansatz zum Bremsen, insbesondere in Notfällen, besteht darin, die Bremsen fest, aber allmählich zu betätigen. Dies hilft, ein Blockieren der Räder zu vermeiden, insbesondere bei Fahrzeugen ohne ABS.
- **Verwendung von ABS:** In Fahrzeugen mit Antiblockiersystem (ABS) sollte der Fahrer lernen, dem System zu vertrauen und bei einer Notbremsung einen festen, konstanten

Druck auf das Bremspedal auszuüben. Das ABS verhindert das Blockieren der Räder, indem es die Bremsen automatisch pulsiert, wodurch die Kontrolle über die Lenkung erhalten bleibt.

Rolle von ABS:

- **Kontrolle behalten**: Das ABS ermöglicht es dem Fahrer, die Lenkkontrolle während einer Notbremsung zu behalten und Hindernisse beim Bremsen zu umfahren.
- **Verkürzte Bremswege**: Auf rutschigem Untergrund kann ABS den Bremsweg verkürzen, indem es das Blockieren der Räder verhindert und es den Reifen ermöglicht, ein gewisses Maß an Traktion auf der Straßenoberfläche aufrechtzuerhalten.

Kontrolle und Stabilität

Die Aufrechterhaltung der Fahrzeugkontrolle und -

stabilität bei plötzlichen Stopps ist entscheidend für die Vermeidung von Unfällen. So können Fahrer ihre Kontrolle und Stabilität verbessern:

Lenk-Anpassungen:

- **Vermeiden Sie Gefahren**: Bei plötzlichem Bremsen ist es wichtig, schnelle, aber sanfte Lenkanpassungen vorzunehmen, um Hindernisse sicher zu umgehen. Dies muss geübt werden, da Übersteuern zum Verlust der Fahrzeugkontrolle führen kann.

- **Fokus und Antizipation**: Behalten Sie Ihren Fokus voraus und antizipieren Sie mögliche Fluchtwege. Diese Bereitschaft ermöglicht schnellere Reaktionen bei plötzlichen Bremssituationen.

Fahrdynamik:

- **Gewichtsverlagerung verstehen**: Bei

starkem Bremsen verlagert sich das Gewicht auf die Vorderseite des Fahrzeugs. Fahrer sollten sich dessen bewusst sein, da es das Fahrverhalten und die Stabilität des Fahrzeugs beeinträchtigt. Zu üben, wie man mit dieser Gewichtsverlagerung umgeht, ist der Schlüssel, um die Kontrolle zu behalten.

Praktische Übungen

Das Einrichten kontrollierter Szenarien zum Üben von Notbremsungen kann die Bereitschaft und das Selbstvertrauen eines Fahrers erheblich verbessern. So können praktische Übungen aufgebaut werden:

Erstellen sicherer Szenarien:

- **Verwendung von Kegeln**: Stellen Sie Kegel auf einem Parkplatz oder einem anderen sicheren Bereich auf, um Hindernisse und

Szenarien zu simulieren, in denen eine Notbremsung erforderlich ist.

- **Unterschiedliche Oberflächenbedingungen**: Üben Sie auf verschiedenen Oberflächen wie trockenen, nassen und künstlich rutschigen Oberflächen (wenn möglich), um zu erfahren, wie die Bremsleistung variiert. Diese Variante hilft dem Fahrer, die Grenzen des Bremssystems seines Fahrzeugs unter verschiedenen Bedingungen zu verstehen.

Selbstvertrauen und Reflexe aufbauen:

- **Wiederholung**: Regelmäßiges Üben von Notbremsungen hilft, das Muskelgedächtnis und das Selbstvertrauen aufzubauen. Es trainiert den Fahrer, in realen Situationen schnell und angemessen zu reagieren.

- **Professionelle Einweisung**: Wenn möglich, arbeiten Sie mit einem Fahrlehrer zusammen, um Feedback und Tipps zur Verbesserung der Bremstechniken und der Fahrzeugbeherrschung während dieser Übungen zu erhalten.

Durch die Beherrschung von Bremstechniken, das Verständnis von Kontrolle und Stabilität bei plötzlichen Stopps und das regelmäßige Üben mit praktischen Übungen können Fahrer ihre Fähigkeit, mit Notfällen sicher umzugehen, erheblich verbessern. Diese Fähigkeiten sind unerlässlich, um die Wahrscheinlichkeit von Unfällen zu verringern und die allgemeine Fahrsicherheit zu verbessern.

Ausweichlenken

Ausweichmanöver helfen dem Fahrer, Kollisionen zu vermeiden, wenn das Bremsen allein möglicherweise nicht ausreicht. In diesem Abschnitt wird untersucht, wie Sie diese Manöver sicher ausführen können, ohne die Kontrolle über das Fahrzeug zu verlieren.

Lenktechniken

Die richtigen Lenktechniken sind entscheidend, um die Kontrolle über ein Fahrzeug zu behalten, insbesondere in Situationen, in denen schnelle Richtungswechsel erforderlich sind. Hier ist eine Aufschlüsselung der effektiven Techniken, einschließlich der wichtigen Fähigkeit des Gegenlenkens:

Schnelle und sichere Richtungswechsel:

- **Sanfte und präzise Bewegungen**: Üben Sie das sanfte und präzise Lenken. Ruckartiges Lenken kann das Fahrzeug aus dem Gleichgewicht bringen und zum Verlust der Kontrolle führen.
- **Handposition und -bewegung**: Halten Sie

die Hände auf gegenüberliegenden Seiten des Lenkrads positioniert, normalerweise auf 9- und 3-Uhr-Positionen. Diese Platzierung ermöglicht maximale Kontrolle bei schnellen Richtungswechseln.

Gegenlenken:

- **Zweck und Technik**: Gegenlenken wird verwendet, wenn ein Fahrzeug zu rutschen oder zu driften beginnt; es beinhaltet das Lenken in die entgegengesetzte Richtung des Schleuderns, um die Kontrolle wiederzuerlangen und das Fahrzeug zu stabilisieren. Wenn zum Beispiel das Heck des Autos nach links zu rutschen beginnt, würden Sie nach rechts lenken.
- **Wann und wie zu verwenden**: Diese Technik ist entscheidend bei rutschigen Bedingungen oder wenn das Fahrzeug bei Hochgeschwindigkeitsmanövern übersteuert. Das Erlernen des Zeitpunkts und des

Ausmaßes des Gegenlenkens ist von entscheidender Bedeutung, da eine Überkorrektur zu weiterer Instabilität führen kann.

Situationsbewusstsein

Die Verbesserung des Situationsbewusstseins ist für sicheres Fahren unerlässlich und ermöglicht es den Fahrern, schnelle, fundierte Entscheidungen auf der Grundlage ihrer Umgebung zu treffen. So können Fahrer diese wichtige Fähigkeit schärfen:

Schnelle Beurteilung von Situationen:

- **Regelmäßiges Scannen**: Scannen Sie die Straße ständig nach potenziellen Gefahren, einschließlich anderer Fahrzeuge, Fußgänger und sich ändernder Straßenbedingungen. Diese Gewohnheit hilft dabei, mögliche Probleme zu antizipieren, bevor sie Ausweichmanöver erfordern.

- **Prädiktive Analyse**: Verwenden Sie visuelle Hinweise, um die Aktionen anderer Verkehrsteilnehmer vorherzusagen. Wenn beispielsweise ein vorausfahrendes Auto zwischen den Fahrspuren driftet, kann es abgelenkt oder beeinträchtigt sein.

Entscheidungsfindung:

- **Ausweichlenken vs. Bremsen**: Entscheiden Sie je nach Situation, ob Sie Ausweichlenkung verwenden oder bremsen. Wenn nicht genügend Platz vorhanden ist, um sicher anzuhalten, kann eine Ausweichlenkung die bessere Option sein. Umgekehrt kann es sicherer sein, das Fahrzeug anzuhalten, wenn es Platz zum Bremsen gibt, ohne etwas zu treffen.

Simuliertes Üben

Simulierte Trainingseinheiten sind eine sichere und effektive Möglichkeit, Fahrer in Ausweichlenk- und anderen Notmanövern zu schulen. So können diese Sitzungen strukturiert werden:

Kontrollierte Übungen:

- **Simulatoreinstellungen**: Verwenden Sie Fahrsimulatoren, die mit realistischer Steuerung und Feedback ausgestattet sind, um reale Fahrszenarien nachzuahmen, die schnelle Lenkanpassungen erfordern. Dazu können Szenarien gehören, wie z. B. ein Tier, das auf die Straße läuft, plötzliche Fahrbahnsperrungen oder unerwartet bremsende Fahrzeuge.
- **Variable Bedingungen**: Passen Sie die Simulatoreinstellungen an, um unterschiedliche Straßenbedingungen wie nasse oder vereiste Oberflächen

einzubeziehen, die sich auf das Fahrverhalten und die Reaktion des Fahrzeugs auswirken. Diese Vielfalt hilft den Fahrern zu lernen, wie sie ihre Techniken an die Bedingungen anpassen können.

Vorteile des simulierten Übens:

- **Risikofreie Umgebung**: Simulatoren bieten eine sichere Umgebung, um Fehler zu machen und aus ihnen zu lernen, ohne die Konsequenzen für die reale Welt.
- **Wiederholung und Feedback**: Fahrer können Manöver wiederholen, bis sie sich von ihren Fähigkeiten sicher fühlen. Sofortiges Feedback vom Simulator oder einem Ausbilder hilft, ihre Fähigkeiten zu verfeinern.

Durch die Beherrschung fortschrittlicher Lenktechniken, die Verbesserung des Situationsbewusstseins und das Üben in simulierten

Umgebungen können Fahrer ihre Fähigkeit, Notsituationen sicher und effektiv zu bewältigen, erheblich verbessern. Diese Fähigkeiten sind nicht nur für das tägliche Fahren von unschätzbarem Wert, sondern auch in kritischen Momenten, die eine schnelle und präzise Entscheidungsfindung erfordern.

Umgang mit Fahrzeugausfällen

In diesem Abschnitt erfahren Sie, wie Sie mit plötzlichen Fahrzeugfehlfunktionen wie Reifenplatzern, Bremsausfällen und Motorproblemen umgehen und gleichzeitig die Kontrolle und Sicherheit gewährleisten.

Reifenplatzer

Ein Reifenplatzer während der Fahrt kann ein plötzliches und beängstigendes Ereignis sein, aber zu wissen, wie man damit umgeht, kann das

Unfallrisiko erheblich verringern. So behalten Sie die Kontrolle, wenn ein Reifen platzt:

Sofortige Reaktion:

- **Keine Panik**: Halten Sie das Lenkrad fest im Griff und lenken Sie geradeaus. Vermeiden Sie den Impuls, stark zu bremsen, da dies zu Kontrollverlust führen kann.
- **Allmähliche Verzögerung**: Nehmen Sie das Gaspedal sanft ab und lassen Sie das Fahrzeug allmählich langsamer werden. Betätigen Sie die Bremsen nur leicht, wenn dies unbedingt erforderlich ist, um die Kontrolle zu behalten.
- **Lenksteuerung**: Wenn der Reifenplatzer auf einem Vorderreifen liegt, zieht das Fahrzeug stark in Richtung des geplatzten Reifens. Sie müssen sanft in die entgegengesetzte Richtung lenken, um dem entgegenzuwirken. Wenn es sich um einen Hinterreifen handelt, besteht die Herausforderung darin, das

Fahrzeug gerade zu halten.

Sicheres Stoppen:

- **Signal und in Sicherheit bringen**: Sobald Sie die Kontrolle wiedererlangt haben und das Fahrzeug ausreichend verlangsamt hat, signalisieren Sie und bewegen Sie sich vorsichtig auf den Seitenstreifen oder einen anderen sicheren Bereich abseits der Straße.
- **Warnblinkanlage einschalten**: Schalten Sie nach dem Anhalten die Warnblinkanlage ein, um andere Fahrer zu warnen.

Bremsversagen

Ein Bremsversagen ist eine seltene, aber potenziell schwerwiegende Situation. Hier sind die Schritte, die Sie ausführen müssen, wenn Sie feststellen, dass Ihre Bremsen versagt haben:

Erste Schritte:

- **Pumpen Sie die Bremsen**: Manchmal, wenn sich Luft in den Bremsleitungen befindet oder wenn die Bremsflüssigkeit niedrig ist, kann das Pumpen der Bremsen genügend Druck aufbauen, um das Bremsen zu ermöglichen.
- **Verwenden Sie die Notbremse**: Ziehen Sie die Notbremse (auch Feststellbremse genannt) langsam und vorsichtig an. Es kann abrupt sein und die Hinterräder blockieren, wenn es zu schnell gezogen wird, was dazu führen kann, dass Sie ins Schleudern geraten.

Reduzierung der Geschwindigkeit:

- **Gänge herunterschalten**: Wenn Sie ein Schaltgetriebe fahren, schalten Sie allmählich in niedrigere Gänge, um die Geschwindigkeit zu reduzieren. Schalten Sie bei Automatikfahrzeugen in niedrigere Gänge, falls verfügbar, wie L oder 2.

- **Motorbremse**: Beim Bremsen des Motors wird in einen niedrigeren Gang geschaltet und die Motordrehzahl kann dazu beitragen, das Fahrzeug zu verlangsamen.

Einen sicheren Ort zum Anhalten finden:

- **Suchen Sie nach einem Fluchtweg**: Wenn das Verlangsamen nicht ausreicht, suchen Sie nach einem offenen Bereich, einer bergauf führenden Straße oder einer Rettungsgasse, in der Sie das Fahrzeug sicher zum Stehen bringen können.

Motorprobleme

Motorprobleme können sich in verschiedenen Formen manifestieren, wie z. B. Leistungsverlust, ungewöhnliche Geräusche oder Rauch. So antworten Sie:

Anzeichen von Motorproblemen erkennen:

- **Stromausfall**: Dies kann auf ein ernstes Problem hinweisen. Versuchen Sie nicht, das Fahrzeug zu zwingen, mit normaler Geschwindigkeit weiterzufahren.
- **Ungewöhnliche Geräusche oder Rauch**: Dies sind klare Anzeichen dafür, dass etwas nicht stimmt. Klopfgeräusche, Schleifen oder Rauch unter der Motorhaube sind alles Indikatoren dafür, dass das Fahrzeug angehalten und überprüft werden muss.

Sicheres Überfahren:

- **Geschwindigkeit und Signal reduzieren**: Reduzieren Sie allmählich Ihre Geschwindigkeit und verwenden Sie Blinker, um anzuzeigen, dass Sie sich an den Straßenrand bewegen.
- **Finden Sie einen sicheren Ort**: Halten Sie an einem sicheren Ort abseits des Verkehrs.

Schalten Sie die Warnblinkanlage ein, um andere Fahrer zu warnen.

- **Schalten Sie den Motor aus**: Stellen Sie den Motor nach dem Anhalten ab, um weitere Schäden zu vermeiden. Öffnen Sie die Motorhaube nicht, wenn Sie Dampf oder Rauch bemerken, da dies gefährlich sein kann.

In allen Szenarien steht die Sicherheit an erster Stelle. Wenn Sie wissen, wie Sie effektiv auf diese Notfälle reagieren können, können Sie Unfälle vermeiden und Ihre Sicherheit und die Ihrer Passagiere und anderer Verkehrsteilnehmer gewährleisten.

Praktische Übungen

Praktisches Training ist entscheidend für die Beherrschung von Notfallmanövern und stellt sicher, dass die Fahrer auf Situationen mit hohem

Druck vorbereitet sind.

Notfall-Manöver-Kurse

Notfallmanöverkurse bieten spezielle Schulungen, die die Fahrer mit den Fähigkeiten ausstatten, die erforderlich sind, um plötzliche Straßensituationen effektiv und sicher zu bewältigen. So können Fahrer von der Anmeldung zu diesen Kursen profitieren:

Professionelles Training: Diese Kurse werden in der Regel von zertifizierten Fahrschulen oder Sicherheitsorganisationen angeboten und von professionellen Instruktoren mit Erfahrung in defensivem Fahren und Notfallmaßnahmen geleitet. Diese fachkundige Anleitung stellt sicher, dass die Fahrer die richtigen Techniken für den Umgang mit Notfällen erlernen.

Lehrplan und Übungen: Die Ausbildung umfasst in der Regel eine Mischung aus theoretischem Lernen und praktischen Übungen. Die Fahrer üben Manöver wie Notbremsung, Ausweichlenken und die Kontrolle eines Fahrzeugs während eines Schleuderns. Die praktische Praxis hilft den Fahrern, ein Muskelgedächtnis zu entwickeln, das in tatsächlichen Notfallsituationen entscheidend ist.

Vertrauensbildung: Durch das Verstehen und Üben der Reaktion in Notfällen bauen Fahrer Vertrauen in ihre Fahrkünste auf. Dieses Vertrauen kann Panik und Zögern in realen Szenarien reduzieren und zu sichereren Fahrentscheidungen führen.

Training auf der Strecke

Schulungen auf der Strecke bieten eine kontrollierte Umgebung, in der die Fahrer sicher erleben und lernen können, auf Notfälle bei hoher

Geschwindigkeit und andere extreme Fahrbedingungen zu reagieren:

Realistische Szenarien: Das Üben auf einer Rennstrecke oder einem abgesperrten Kurs ermöglicht es den Fahrern, höhere Geschwindigkeiten und anspruchsvollere Manöver zu erleben, als dies normalerweise auf öffentlichen Straßen möglich ist. Dazu gehören Highspeed-Notbremsungen und aggressive Spurwechsel.

Professionelle Fahrlehrer: Die Ausbildung wird in der Regel unter der Aufsicht von professionellen Fahrlehrern durchgeführt, die sofortiges Feedback und Anleitung geben können. Instruktoren helfen dabei, die Techniken des Fahrers zu verfeinern und sicherzustellen, dass er die Manöver korrekt und sicher ausführt.

Sicherheitsfokus: Trotz der hohen Geschwindigkeit des Trainings ist die Sicherheit ein vorrangiges Anliegen. Diese Kurse sind mit strengen Sicherheitsprotokollen ausgestattet, und die Fahrzeuge sind oft mit zusätzlicher Sicherheitsausrüstung wie Überrollkäfigen und Gurten ausgestattet, um die Fahrer während des Trainings zu schützen.

Werkstätten für Fahrzeughandhabung

In den Workshops zur Fahrzeughandhabung geht es darum, dem Fahrer beizubringen, wie er in verschiedenen Fehlerszenarien und Notfällen die Kontrolle über sein Fahrzeug behalten kann. Diese Workshops sind entscheidend für das Verständnis der Fahrzeugdynamik und des Ansprechverhaltens unter Zwang:

Umgang mit Fehlern: Werkstätten können verschiedene Fehlerszenarien simulieren, wie z. B. Reifenplatzer, Bremsausfälle oder Motorprobleme, und den Fahrern beibringen, wie sie die Kontrolle behalten und das Fahrzeug sicher zum Stillstand bringen können.

Fehlerbehebung: Die Ausbilder geben Einblicke in häufige Fahrzeugprobleme und -ausfälle und geben Tipps zur Fehlerbehebung, die den Fahrern helfen können, ein Problem zu erkennen und möglicherweise zu beheben, bevor es zu einem Notfall führt.

Verbesserung der Fähigkeiten: Das Hauptziel dieser Workshops ist es, die Fähigkeit eines Fahrers zu verbessern, sein Fahrzeug unter verschiedenen und oft schwierigen Bedingungen zu beherrschen. Dazu gehört das Verständnis, wie Fahrtechniken basierend auf Fahrzeugbeladung, Straßenoberfläche und Wetterbedingungen angepasst werden können.

Durch die Teilnahme an Notfallmanöverkursen, Schulungen auf der Strecke und Fahrzeughandhabungsworkshops erwerben Fahrer wertvolle Fähigkeiten und Erfahrungen, die ihre Fähigkeit verbessern, mit plötzlichen und schweren Fahrherausforderungen umzugehen. Diese Trainingsmöglichkeiten bereiten die Fahrer nicht nur darauf vor, effektiver zu reagieren, sondern auch potenzielle Gefahren zu antizipieren, was die Verkehrssicherheit für sich und andere erheblich verbessert.

Schlussfolgerung

Fortgeschrittene Notfallmanöver sind für alle Fahrer unerlässlich und bieten die Fähigkeit, effektiv auf lebensbedrohliche Situationen auf der Straße zu reagieren. Durch das Verstehen, Üben und Beherrschen dieser Techniken können Fahrer ihre Sicherheit und die Sicherheit anderer verbessern und Vertrauen und Bereitschaft für alle Fahrherausforderungen gewährleisten, denen sie begegnen könnten.

Kapitel 12: Schulung und kontinuierliche Verbesserung

Kontinuierliches Lernen und Training sind für den Erhalt und die Verbesserung der Fahrfähigkeiten unerlässlich. In diesem Kapitel werden die Bedeutung der kontinuierlichen Weiterbildung, praktische Möglichkeiten zur Bewertung und Verbesserung der Fahrfähigkeiten und Ressourcen für die weitere Verbesserung der Fahrfähigkeiten erörtert.

Strukturierung von Übungssitzungen

Effektives Üben ist entscheidend, um die Fahrkünste zu verfeinern und sich an neue Techniken oder Situationen anzupassen. In diesem Abschnitt wird beschrieben, wie Sie Übungssitzungen strukturieren, um die Lernergebnisse zu maximieren.

Zielsetzung

Effektive Zielsetzung ist ein grundlegender Schritt zur Verbesserung der Fahrkünste und zur Beherrschung neuer Techniken. So können Fahrer bestimmte Fahrziele festlegen und erreichen:

Zu verbessernde Fähigkeiten identifizieren: Beginnen Sie mit der Bewertung Ihrer aktuellen Fahrkünste und identifizieren Sie bestimmte Bereiche, in denen Verbesserungen erforderlich sind. Dies kann alles sein, von der Verbesserung Ihrer Kurvenpräzision über die Beherrschung des sanften Beschleunigens und Bremsens bis hin zur Perfektionierung Ihrer Parktechniken.

SMART-Ziele: Machen Sie Ihre Ziele spezifisch, messbar, erreichbar, relevant und zeitgebunden. Zum Beispiel das Ziel, die Notbremsung zu verbessern, indem wöchentlich bestimmte Übungen geübt werden, und das Ziel, die Reaktionszeit über einen Monat messbar zu reduzieren.

Aktionspläne: Entwickeln Sie klare Aktionspläne für jedes Ziel. Dies kann die Anmeldung zu speziellen Fahrkursen, das Üben bestimmter Manöver in sicheren Umgebungen oder die Verwendung von Simulationstools zur Verbesserung der Fähigkeiten umfassen.

Feedback-Mechanismen

Feedback ist entscheidend, um Stärken und Schwächen der Fahrfähigkeiten zu erkennen und fundierte Verbesserungen vorzunehmen. Hier sind effektive Feedback-Mechanismen:

Instruktor-Feedback: Regelmäßige Sitzungen mit einem Fahrlehrer können direktes, fachkundiges Feedback zu Ihrem Fahrverhalten liefern. Die Instruktoren können während der praktischen Fahrstunden sofortige Korrekturen und Ratschläge anbieten.

Fortschrittliche Fahrsysteme: Viele moderne Fahrzeuge sind mit fortschrittlichen Fahrsystemen ausgestattet, die verschiedene Parameter wie Geschwindigkeit, Bremsintensität und Lenkwinkel aufzeichnen können. Die Analyse von Daten aus diesen Systemen kann helfen, Muster und verbesserungswürdige Bereiche zu identifizieren.

Videoaufnahmen: Die Verwendung von Dashcams oder anderen Videoaufzeichnungsgeräten zur Aufzeichnung Ihrer Fahrt kann äußerst hilfreich sein. Die Überprüfung des Filmmaterials ermöglicht es Ihnen, Ihre Manöver objektiv zu sehen und Bereiche zu verstehen, in denen Ihr Ansatz für bessere Ergebnisse angepasst werden könnte.

Inkrementelle Herausforderungen

Die schrittweise Erhöhung der Komplexität von Fahrherausforderungen ist ein effektiver Weg, um Fähigkeiten aufzubauen, ohne Überforderung zu verursachen. So implementieren Sie diese Strategie:

Schritt-für-Schritt-Fortschritt: Beginnen Sie mit grundlegenden Manövern oder Szenarien und führen Sie allmählich mehr Komplexität ein, wenn sich Ihr Selbstvertrauen und Ihre Fähigkeiten verbessern. Wenn Sie beispielsweise die Kurvenfahrt verbessern möchten, beginnen Sie mit langsamen Kurven und erhöhen Sie die Geschwindigkeit allmählich oder versuchen Sie es mit Kurven mit unterschiedlichen Winkeln.

Kontrollierte Umgebung: Üben Sie neue Fähigkeiten in einer kontrollierten Umgebung, z. B. in einem Fahrschulkurs oder auf einem ruhigen Parkplatz. Auf diese Weise können Sie sich auf die Beherrschung der Fertigkeit konzentrieren, ohne den Stress des realen Verkehrs.

Regelmäßiges Üben: Konsistenz ist der Schlüssel zur Entwicklung von Fähigkeiten. Regelmäßige, engagierte Trainingseinheiten helfen, das Gelernte zu festigen und Ihre Fahrreflexe und Ihr Muskelgedächtnis zu verbessern.

Herausforderungsvielfalt: Integrieren Sie eine Vielzahl von Fahrbedingungen und Szenarien in Ihre Trainingssitzungen. Dies kann das Fahren bei unterschiedlichen Wetterbedingungen, zu verschiedenen Tageszeiten oder auf verschiedenen Arten von Straßenbelägen umfassen, um eine umfassende Entwicklung von Fähigkeiten zu gewährleisten.

Durch das Setzen klarer Ziele, den Einsatz effektiver Feedback-Mechanismen und das Annehmen inkrementeller Herausforderungen können Fahrer ihre Fahrkünste auf strukturierte und effektive Weise erheblich verbessern. Dieser Ansatz verbessert nicht nur die spezifischen Fahrfähigkeiten, sondern trägt auch zu insgesamt sichereren und kompetenteren Fahrpraktiken bei.

Bewertung und Verbesserung Ihrer Fahrkünste

Eine regelmäßige Bewertung der Fahrkünste kann helfen, Schwächen zu erkennen und Verbesserungen im Laufe der Zeit zu messen. In diesem Abschnitt finden Sie Methoden zur Bewertung und Verbesserung der Fahrkompetenz.

Tools zur Selbsteinschätzung

Die Selbsteinschätzung ist eine wertvolle Übung für jeden Fahrer, der seine Fähigkeiten unabhängig verbessern möchte. So können Sie Selbsteinschätzungstools effektiv einsetzen, um Ihre Fahrgewohnheiten zu messen:

Checklisten: Entwickeln oder verwenden Sie bereits vorhandene Checklisten, die ein breites Spektrum an Fahrkompetenzen abdecken, wie z. B. Signalisierung, Spiegelnutzung,

Geschwindigkeitskontrolle und Einhaltung der Verkehrsregeln. Gehen Sie nach jeder Fahrsitzung die Checkliste durch, um Bereiche zu identifizieren, die Sie konsequent gut handhaben, und Bereiche, die verbessert werden müssen.

Digitale Tools: Viele moderne Fahrzeuge sind mit Telemetrie ausgestattet, die Fahrmuster wie Beschleunigung, Bremsverhalten und Geschwindigkeit verfolgen kann. Smartphone-Apps, die speziell für die Verbesserung entwickelt wurden, können auch Feedback geben und den Fortschritt im Laufe der Zeit verfolgen.

Regelmäßige Überprüfungen: Legen Sie einen regelmäßigen Zeitplan fest, vielleicht monatlich oder vierteljährlich, um Ihre Fahrdaten oder Checklistenantworten zu überprüfen. Suchen Sie nach Mustern oder wiederholten Problemen, die auf schlechte Gewohnheiten oder Bereiche hinweisen könnten, auf die Sie sich konzentrieren müssen.

Professionelle Fahrbewertungen

Manchmal ist eine externe, professionelle Bewertung der beste Weg, um die Fahrkünste genau zu beurteilen. Hier ist die Bedeutung von professionellen Fahrbewertungen:

Fahrschulen/Fahrlehrer: Diese Bewertungen werden von zertifizierten Fachleuten durchgeführt, die umfassende, unvoreingenommene Bewertungen Ihrer Fahrkünste abgeben können. Sie beobachten Ihre Fahrweise in realen Szenarien oder simulierten Umgebungen und geben konstruktives Feedback.

Unvoreingenommene Einblicke: Ein Fachmann kann Einblicke bieten, die Sie selbst möglicherweise nicht sehen können. Sie können subtile Probleme in Ihrer Fahrtechnik oder Ihren Gewohnheiten aufzeigen, die möglicherweise übersehen werden, aber zu ernsthaften Problemen auf der Straße führen können.

Maßgeschneiderte Beratung: Basierend auf der Bewertung können Ausbilder personalisierte Ratschläge und Schulungsstrategien anbieten, um bestimmte Schwächen zu beheben und Ihre Übungssitzungen effektiver zu gestalten.

Kontinuierliche Lernkurse

Die Weiterentwicklung der Fahrkünste ist ein fortlaufender Prozess. Kontinuierliche Lernkurse sind unerlässlich, um Ihr Fahrwissen auf dem neuesten Stand zu halten und neue Techniken einzuführen, die Ihr Fahren verbessern können. So können Sie sich mit kontinuierlichem Lernen beschäftigen:

Fahrkurse für Fortgeschrittene: Viele Fahrschulen bieten Kurse an, die über grundlegende Fahrfertigkeiten hinausgehen, wie z. B. defensives Fahren, fortgeschrittenes Fahrzeughandling oder Rennwagenfahrtechniken. Diese Kurse fordern die Fahrer heraus, ihre vorhandenen Fähigkeiten zu verbessern.

Spezialisierte Schulungen: Für diejenigen, die sich in bestimmten Bereichen auszeichnen möchten, stehen spezialisierte Schulungen zur Verfügung. Winterfahrkurse vermitteln beispielsweise Fähigkeiten für den Umgang mit vereisten Straßen, während Offroad-Fahrkurse sich auf Techniken zum Navigieren in verschiedenen Geländen konzentrieren.

Zertifizierungen und Auffrischungen: Einige Kurse bieten Zertifizierungen an, die für Berufskraftfahrer oder diejenigen, die ihr Fachwissen in bestimmten Bereichen festigen möchten, von Vorteil sein können. Auch erfahrene Fahrer können von Auffrischungskursen profitieren, die sie über neue Gesetze, Fahrzeugtechnologien oder Fahrtechniken informieren.

Ressourcen für die Weiterbildung: Nutzen Sie Online-Ressourcen, Community College-Kurse oder lokale Sicherheitsorganisationen, um Materialien und Kurse zu finden, die Ihren Anforderungen an die Weiterbildung im Fahren entsprechen.

Durch die regelmäßige Verwendung von Selbstbewertungsinstrumenten, die Teilnahme an professionellen Bewertungen und die Teilnahme an kontinuierlichen Lernkursen können Fahrer hohe Standards für die Fahrkompetenz aufrechterhalten. Dieser proaktive Ansatz erhöht nicht nur die persönliche Sicherheit, sondern trägt auch positiv zur allgemeinen Verkehrssicherheit für alle bei.

Zugang zu den richtigen Ressourcen

Der Zugang zu den richtigen Ressourcen kann Fahrer in ihrem Streben nach kontinuierlicher Verbesserung unterstützen. In diesem Abschnitt werden verschiedene Ressourcen vorgestellt, die Fahrern zur Verfügung stehen, die ihre Fähigkeiten verbessern möchten.

Fahrschulen und Aufbaukurse

Für Fahrer, die ihre Fähigkeiten verbessern oder neue Fahrtechniken erlernen möchten, ist die Wahl der richtigen Fahrschule entscheidend. So finden und profitieren Sie von seriösen Fahrschulen, die spezialisierte Kurse anbieten:

Spezialisierte Kurse:

- **Defensives Fahren**: Lernen Sie Techniken, die Ihnen helfen, potenzielle Fehler anderer Fahrer und widrige Verkehrssituationen zu antizipieren und sicher darauf zu reagieren.
- **Performance Driving**: Konzentrieren Sie sich auf fortgeschrittene Fahrfähigkeiten, die in Hochgeschwindigkeitsumgebungen

eingesetzt werden, einschließlich der sicheren Kontrolle eines Fahrzeugs an seinen Leistungsgrenzen.

- **Notfallmanöver**: Trainieren Sie den Umgang mit plötzlichen Straßensituationen wie Ausweichlenkung, Notbremsung und Kollisionsvermeidungstechniken.

Die Wahl der richtigen Schule:

- **Akkreditierung**: Suchen Sie nach Schulen, die akkreditiert sind und zertifizierte Lehrer haben. Dadurch wird sichergestellt, dass die Ausbildung den Industriestandards entspricht und eine qualitativ hochwertige Ausbildung bietet.
- **Bewertungen und Empfehlungen**: Suchen Sie nach Bewertungen und bitten Sie andere Fahrer um Empfehlungen, um Schulen zu finden, die für ihre Effektivität und ihren Wert bekannt sind.
- **Kursinhalte und Praxis**: Stellen Sie sicher,

dass die Schule eine gute Mischung aus theoretischem Wissen und praktischer Fahrerfahrung unter verschiedenen Bedingungen bietet.

Online-Plattformen und Simulatoren

Online-Bildungsplattformen und -simulatoren bieten eine bequeme und effektive Möglichkeit, Fahrkünste zu erlernen und zu üben:

Virtuelle Fahr-Tutorials und Simulationen:

- **Interaktives Lernen**: Interagieren Sie mit interaktiven Simulationen, die reale Fahrszenarien nachahmen. Diese Plattformen verwenden oft fortschrittliche Grafiken und reale Physik, um ein lebensechtes Erlebnis zu bieten.
- **Zugänglichkeit**: Viele dieser Werkzeuge sind von zu Hause aus zugänglich, sodass Sie das Fahren leicht üben können, ohne Zugang

zu einem Fahrzeug oder einer großen Freifläche zu benötigen.

Vorteile:

- **Flexibilität**: Lernen Sie in Ihrem eigenen Tempo und Zeitplan, was besonders für vielbeschäftigte Personen von Vorteil ist, die möglicherweise keine Zeit für traditionelle Kurse haben.
- **Kostengünstig**: Viele Online-Plattformen bieten kostenlose Testversionen oder günstigere Optionen im Vergleich zu persönlichen Fahrkursen an.

Bücher, Handbücher und Medien

Für diejenigen, die das Selbststudium bevorzugen oder zusätzliche Materialien benötigen, um ihr Fahrwissen zu erweitern, können Bücher, Handbücher und andere Medien von unschätzbarem Wert sein:

Empfohlene Lektüre:

- **Fahrtheoriebücher**: Suchen Sie nach umfassenden Texten, die die Prinzipien des sicheren und effizienten Fahrens abdecken.
- **Spezialisierte Handbücher**: Hier finden Sie Handbücher, die speziell auf die Art des Fahrens zugeschnitten sind, an der Sie interessiert sind, z. B. Offroad-Fahren, Motorradhandling oder Nutzfahrzeugbetrieb.
- **Lehrvideos und DVDs**: Diese können visuelle Demonstrationen von Fahrtechniken und Manövern bieten, die leichter zu verstehen sein können als Textbeschreibungen.

Vorteile:

- **Tiefes Verständnis**: Bücher und Handbücher bieten oft detailliertere Diskussionen über Fahrtechniken und -theorien als kürzere Kurse oder Artikel.

- **Best Practices**: Lernen Sie von Experten und erfahrenen Fahrern durch schriftliche Erfahrungen und Fallstudien, in denen erörtert wird, welche Strategien in verschiedenen Fahrszenarien am besten funktionieren.

Durch die Nutzung einer Kombination aus seriösen Fahrschulen, Online-Plattformen und Bildungsmedien können Fahrer ihre Fähigkeiten und Kenntnisse erheblich verbessern. Dieser integrierte Ansatz stellt sicher, dass Sie nicht nur theoretische Aspekte erlernen, sondern auch praktische Fähigkeiten in einer Vielzahl von Fahrsituationen anwenden, was letztendlich zu einem sichereren und kompetenteren Fahren führt.

Praktische Übungen

Praktische Übungen, die das Lernen vertiefen und die Anwendung neuer Fähigkeiten fördern sollen, sind entscheidend für die kontinuierliche Verbesserung.

Regelmäßige Trackdays

Die Teilnahme an organisierten Trackdays ist eine hervorragende Möglichkeit für Fahrer, ihre Fahrkünste bei hohen Geschwindigkeiten in einer sicheren und kontrollierten Umgebung zu verbessern. Hier erfahren Sie, wie die Teilnahme an regelmäßigen Trackdays den Fahrern zugute kommen kann:

Sichere, kontrollierte Umgebung: Trackdays bieten eine einzigartige Gelegenheit, mit hohen Geschwindigkeiten zu fahren, ohne die Risiken, die mit öffentlichen Straßen verbunden sind. Die Gleise sind mit Sicherheitsmerkmalen wie großzügigen Auslaufbereichen, professionellem Rangieren und strengen Sicherheitsprotokollen ausgestattet.

Verbesserung der Fähigkeiten: Fahrer können fortgeschrittene Fahrtechniken wie Bremsen, Kurvenfahren bei hohen Geschwindigkeiten und die Kontrolle eines Fahrzeugs an der Grenze seiner Leistung üben. Dies ist von unschätzbarem Wert für die Verbesserung des Fahrzeughandlings und der Reaktionszeiten des Fahrers.

Professionelles Coaching verfügbar: Viele Trackday-Veranstaltungen bieten professionelles Coaching an. Dies kann eine hervorragende Möglichkeit sein, Expertenfeedback zu Fahrtechniken zu erhalten und neue Fähigkeiten in einer konzentrierten Umgebung zu erlernen.

Gemeinschaft und Lernen: Trackdays ziehen oft eine Gemeinschaft von Fahrbegeisterten an. Dieser Gemeinschaftsaspekt ermöglicht den Austausch von Tipps, Erfahrungen und Ratschlägen, was die Lernerfahrung weiter bereichert.

Workshops für defensives Fahren

Workshops für defensives Fahren sind entscheidend, um zu lernen, wie man potenzielle Gefahren auf der Straße antizipiert und darauf reagiert. Hier ist die Bedeutung der Teilnahme an diesen Workshops:

Simulation realer Szenarien: Diese Workshops verwenden häufig Simulationen, um gängige Straßenszenarien nachzubilden, die zu Unfällen führen können. Auf diese Weise können Fahrer üben, sicher auf Dinge wie plötzliche Stopps, unberechenbare Fahrer und Fußgänger zu reagieren, die in den Verkehr treten.

Fokus auf Prävention: Das Hauptziel des defensiven Fahrens besteht darin, das Unfallrisiko zu verringern, indem die Fahrer ermutigt werden, vorsichtig, vorhersehbar und bewusst für ihre Umgebung zu fahren.

Vermittelte Techniken: Fähigkeiten wie das Scannen der Straße vor Ihnen, das Einhalten sicherer Folgeabstände und der Umgang mit widrigen Straßenbedingungen werden in der Regel behandelt. Diese Workshops betonen auch, wie wichtig es ist, in stressigen Fahrsituationen ein ruhiges Auftreten zu bewahren.

Zertifizierung: Viele defensive Fahrkurse bieten nach Abschluss ein Zertifikat an, was manchmal zu reduzierten Versicherungsprämien führen kann.

Peer-Review-Sitzungen

Das Fahren mit einem Kollegen oder Mentor bietet die Möglichkeit für sofortiges Feedback und Verbesserungsvorschläge auf weniger formelle, kontinuierliche Weise. So können Peer-Review-Sitzungen von Vorteil sein:

Sofortiges Feedback: Ein Peer oder Mentor kann in Echtzeit Feedback zu Ihren Fahrgewohnheiten geben und sowohl Stärken als auch Verbesserungsmöglichkeiten aufzeigen, die Sie selbst vielleicht nicht bemerken.

Konsistenz: Regelmäßige Sitzungen sorgen für kontinuierliches Lernen und Verbessern und helfen, gute Fahrgewohnheiten zu festigen und schlechte zu korrigieren, bevor sie sich verfestigen.

Unterstützung und Motivation: Das Lernen mit einem Gleichaltrigen kann ein Maß an Unterstützung und Motivation hinzufügen, das beim Üben allein schwer zu erreichen ist. Dies kann den Prozess der Verbesserung der Fahrkünste angenehmer und ansprechender machen.

Vielfältige Perspektiven: Jeder Fahrer verfügt über einzigartige Fähigkeiten und Erfahrungen. Wenn Sie mit einem Kollegen fahren, können Sie Erkenntnisse aus seinen Erfahrungen gewinnen und Sie möglicherweise mit neuen Techniken und

Ansätzen zum Fahren vertraut machen.

Durch die Teilnahme an regelmäßigen Trackdays, die Teilnahme an Workshops zum defensiven Fahren und die Teilnahme an Peer-Review-Sitzungen können Fahrer ihre Fahrkünste auf umfassende und praktische Weise erheblich verbessern. Diese Aktivitäten bieten abwechslungsreiche Lernerfahrungen, die auf die Verbesserung spezifischer Fahrfähigkeiten und der allgemeinen Fahrsicherheit und des Könnens abzielen.

Schlussfolgerung

Training und kontinuierliche Verbesserung sind die Grundpfeiler für kompetentes Fahren. Durch die aktive Teilnahme an strukturierten Übungen, die Suche nach einer professionellen Bewertung und die Nutzung einer Vielzahl von Bildungsressourcen können Fahrer ein hohes Maß an Fahrkompetenz aufrechterhalten. Dieses Engagement für kontinuierliche Weiterbildung erhöht nicht nur die persönliche Sicherheit, sondern trägt auch zu sichereren Straßen für alle bei.

Kapitel 13: Fazit

Zum Abschluss dieses Leitfadens über fortgeschrittene Fahrtechniken ist es wichtig, über die verschiedenen Aspekte des Fahrens nachzudenken, die wir untersucht haben. Von der Beherrschung der Grundlagen bis hin zum Umgang mit komplexen Fahrbedingungen und Notfällen hat jedes Kapitel auf dem letzten aufgebaut, um ein umfassendes Verständnis dafür zu vermitteln, was es braucht, um ein qualifizierter, verantwortungsbewusster Fahrer zu sein.

Zusammenfassung der wichtigsten Punkte

Grundlagen des Fahrens: Das Verständnis der Fahrdynamik und die Beherrschung der grundlegenden Steuerung sind entscheidend für alle nachfolgenden Lernprozesse.

Leistung und defensives Fahren: Techniken sowohl für Hochgeschwindigkeitspräzision als auch für vorsichtiges, wachsames Fahren tragen erheblich zur allgemeinen Verkehrssicherheit bei. **Anpassungsfähigkeit**: Fähigkeiten zum Fahren unter verschiedenen Umgebungsbedingungen und zum Umgang mit Notfällen sind für die Vorbereitung auf die Praxis von entscheidender Bedeutung.

Wartung und Vorbereitung: Regelmäßige Fahrzeugwartung und ordnungsgemäße Einrichtung sorgen für Leistung, Effizienz und Sicherheit.

Psychologische und technologische Aspekte: Die Einbeziehung der psychologischen Elemente und technologischen Fortschritte beim Fahren verbessert sowohl die Leistung als auch das Erlebnis des Fahrers.

Förderung eines sicheren und verantwortungsvollen Fahrens

Fahren ist eine Verantwortung, die sich über den Fahrer hinaus auf Passagiere, andere Verkehrsteilnehmer und Fußgänger erstreckt. Es ist wichtig, eine Denkweise anzunehmen, die Sicherheit, Respekt vor Gesetzen und Rücksichtnahme auf andere in den Vordergrund stellt.

Kontinuierliches Lernen: Fahren ist eine dynamische Fähigkeit mit sich entwickelnden Herausforderungen und Lösungen. Kontinuierliche Weiterbildung und Praxis sind notwendig, um die Fähigkeiten auf dem neuesten Stand zu halten und sich an neue Technologien und Vorschriften anzupassen.

Engagement für die Gemeinschaft: Die Teilnahme an Fahrclubs, Online-Foren und lokalen

Sicherheitskampagnen kann Ihr Wissen erweitern und zur Sicherheit der Gemeinschaft beitragen.

Mentoring und Wissensaustausch: Erfahrene Fahrer sollten in Betracht ziehen, neue Fahrer zu betreuen und wertvolle Erkenntnisse und Erfahrungen auszutauschen, um eine Kultur des sicheren und kompetenten Fahrens zu fördern.

Abschließende Gedanken und Förderung des kontinuierlichen Lernens

Die Reise, ein besserer Fahrer zu werden, endet nicht mit der letzten Seite dieses Buches. Es ist ein kontinuierliches Streben, das Hingabe, Übung und das Engagement für Verbesserungen erfordert.

Ressourcen für die Weiterbildung: Bleiben Sie mit Fahrschulen, Online-Kursen und Veröffentlichungen beschäftigt, die sich auf Fahrfähigkeiten und Verkehrssicherheit konzentrieren.

Reflektierende Praxis: Reflektieren Sie regelmäßig Ihre Fahrerfahrungen und holen Sie nach Möglichkeit Feedback ein. Diese Selbstbeobachtung kann zu sinnvollen Verbesserungen der Fahrgewohnheiten führen.

Passen Sie sich an Innovationen an: Bleiben Sie bei der Weiterentwicklung der Automobiltechnologien auf dem Laufenden und passen Sie sich an diese Veränderungen an, um Ihre Fahrfähigkeiten und Sicherheit zu verbessern.

Durch die Anwendung des Wissens und der Techniken aus diesem Buch können Fahrer nicht nur ihre eigene Sicherheit verbessern, sondern auch dazu beitragen, die Straßen für alle sicherer zu machen. Egal, ob Sie ein neuer Fahrer oder ein erfahrener Enthusiast sind, es gibt immer mehr zu lernen und sich zu verbessern. Nehmen Sie den Weg der kontinuierlichen Verbesserung an und genießen Sie den Weg, der vor Ihnen liegt.

Über den Autor

Etienne Psaila, ein versierter Autor mit über zwei Jahrzehnten Erfahrung, beherrscht die Kunst, Wörter über verschiedene Genres hinweg zu weben. Sein Weg in die literarische Welt ist geprägt von einer Vielzahl von Publikationen, die nicht nur seine Vielseitigkeit, sondern auch sein tiefes Verständnis für verschiedene Themenlandschaften unter Beweis stellen. Es ist jedoch der Bereich der Automobilliteratur, in dem Etienne seine Leidenschaften wirklich verbindet und seine Begeisterung für Autos nahtlos mit seinen angeborenen Fähigkeiten zum Geschichtenerzählen verbindet.

Etienne hat sich auf Automobil- und Motorradbücher spezialisiert und erweckt die Welt der Automobile durch seine eloquente Prosa und eine Reihe atemberaubender, hochwertiger Farbfotografien zum Leben. Seine Werke sind eine Hommage an die Branche, indem sie ihre Entwicklung, den technologischen Fortschritt und die schiere Schönheit von Fahrzeugen auf informative und visuell fesselnde Weise einfangen.

Als stolzer Absolvent der Universität Malta bildet Etiennes akademischer Hintergrund eine solide Grundlage für seine akribische Forschung und sachliche Genauigkeit. Seine Ausbildung hat nicht nur sein Schreiben bereichert, sondern auch seine Karriere als engagierter Lehrer vorangetrieben. Im Klassenzimmer, genau wie beim Schreiben, strebt Etienne danach, zu inspirieren, zu informieren und eine Leidenschaft für das Lernen zu entfachen.

Als Lehrer nutzt Etienne seine Erfahrung im Schreiben, um sich zu engagieren und zu bilden, und bringt seinen Schülern das gleiche Maß an Engagement und Exzellenz entgegen wie seinen Lesern. Seine Doppelrolle als Pädagoge und

Autor macht ihn einzigartig positioniert, um komplexe Konzepte mit Klarheit und Leichtigkeit zu verstehen und zu vermitteln, sei es im Klassenzimmer oder durch die Seiten seiner Bücher.

Mit seinen literarischen Werken prägt Etienne Psaila die Welt der Automobilliteratur bis heute unauslöschlich und fesselt Autoliebhaber und Leser gleichermaßen mit seinen aufschlussreichen Perspektiven und fesselnden Erzählungen.
Er kann persönlich unter etipsaila@gmail.com kontaktiert werden

Milton Keynes UK
Ingram Content Group UK Ltd.
UKHW050855011124
2510UKWH00026B/111

9 781923 361461